JN314091

Das Leben schmeckt schön.

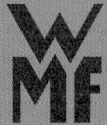

Contents

Basic Recipe

Daily Recipe

Weekend Recipe

Information

本書レシピではパーフェクトウルトラ 4.5ℓサイズの鍋を使用しています。

1853年の創業以来、“Cooking”“Eating”“Drinking”を
“生活の大切なもの”と位置づけ製品開発を続けてきたWMF《ヴェーエムエフ》。
今やWMFの製品がキッチンやテーブルに並べられている国は
世界90カ国を数えるまでになりました。
振り返ればWMFの歴史は技術革新の歴史といっても過言ではありません。
だからWMFの製品には、常に新しい技術がたくさん詰まっています。
なかでも圧力鍋の元祖といっていいSicomaticは、
1927年に発売され大ブームを巻き起こし、
「蒸気圧をつかった料理」の先駆けとなったのです。
また品質や技術だけでなく、WMF製品のシンプルで美しいデザインは、
長年にわたって数々の国際的な賞を受賞してきました。
私たちWMFグループは優れた製品とサービスをご提供することにより、
お客様一人ひとりに幸せをお届けすることを喜びとしております。
みなさまの生活がさらに「味わい深い」ものとなるために、
WMF製品がお役に立つことを願ってやみません。

Stainless steel
Made in Germany

圧力鍋使用のポイント

1 脂身の多いお肉料理は、調理後冷まして、かたまって浮いた脂を取り除くと、ヘルシーかつ美味しく仕上がります。

2 同じ素材でも、種類・性質・水分量により、出来上がりが異なります。

3 アクが出る料理のときは、加圧する前にひと煮立ちさせてアクを取り除いてから加圧調理すると味わいがより引き立ちます。

4 味をじっくり含ませたい料理のときは、加圧後にふたを開けて、煮詰めた煮汁を素材にからめたり、煮からめたまま冷ますことでしみこませましょう。

Basic Recipe

暮らしを彩る基本のレシピ

ごろごろ野菜のスチーム　ハーブ風味
レモンクリーム＆タルタル添え

加圧
1～2分
スチーム

フレッシュハーブがほのかに香る蒸し野菜の甘さをひきたてるのは、
２種類のスペシャルソース。

■ 材料（４人分）

カリフラワー…8 房
ラディッシュ…4 株
黄パプリカ…½個　などお好みの野菜
フレッシュハーブ（ミント、レモングラス、タイム、
　マジョラムなどお好みのハーブ）…適量
水…1カップ

◇レモンクリームソース
　生クリーム…100㎖
　サワークリーム…大さじ２
　塩…小さじ¼
　レモンの皮…½個（すりおろす）
　レモン汁…小さじ½

◇タルタルソース
　ゆで卵…２個（P105 表参照）
　マヨネーズ…大さじ３
　ピクルス…粗みじん１～２本
　玉ねぎ…みじん大さじ１（水にさらす）
　マヨネーズ…小さじ２
　塩…少々
　白コショウ…少々

　パセリを添えて

◎ 作り方

1 野菜は食べやすい大きさに切る。

2 圧力鍋に1カップの水とスチーマーを入れ、野菜を重ならないようにのせる。その上にハーブをのせ、ふたをしたら強火にかける。第2リングまで上がったら、弱火にして約１～２分加圧し、火を止め、急速減圧にして取り出す。

3 ボウルに生クリームを入れ、泡立て器で七分立てにする。サワークリームを加えて混ぜ合わせ、塩、レモンの皮、レモン汁を加え、さっくりと混ぜる。

4 ボウルに殻をむいたゆで卵を入れ、フォークでつぶし、全ての材料と混ぜ合わせる。

カルトッフェルザラート
～じゃがいものマリネ ～

加圧
5分
スチーム

ドイツの「ポテトサラダ」はワインビネガーが効いて、
日本のポテサラとはひと味違う！

■ 材料（4人分）

じゃがいも（メークイン）…3個
水…1カップ
ベーコン…2枚
玉ねぎ…1個
しめじ…½パック
フレッシュディルまたはパセリ…適量
オリーブ油…適量

A
固形ブイヨン…½個
水…100㎖

B
白ワインビネガー…大さじ3
オリーブ油…大さじ2
ディジョンマスタード…小さじ1
砂糖…大さじ1⅓
塩…小さじ½

◎ 作り方

1 じゃがいもはよく洗う。圧力鍋に1カップの水とスチーマーを入れ、じゃがいもを皮付きのままのせる。ふたをして強火で蒸し、第2リングまで上がったら、弱火にして約5分加圧する。火を止め、急速減圧にして、熱いうちに皮をむき、5mm 幅に切る（まだ芯がかたい状態）。

2 ベーコンはせん切り、玉ねぎは粗みじんに切る。しめじは石づきを落とし、2～3本にほぐす。ディルは刻んでおく。

3 B の材料をボウルに入れて、よく混ぜ合わせる。

4 オリーブ油とベーコンを入れて、カリカリになるまで炒める。ベーコンはペーパーに取り、油を切る。

5 圧力鍋の湯を捨て、A を入れ、中火にかける。沸騰してきたら、じゃがいも、玉ねぎ、しめじを加える。くずれないように混ぜ合わせながら、汁気がなくなるまで煮る。汁気がなくなってきたら、B とベーコンを加えて火を止める。味をみて足りなければ、塩でととのえ、冷蔵庫で約 30 分おく。食べる寸前にディルをあえる。

鶏と山芋の中国粥

加圧
17分

鶏から出るスープで煮るお粥は、
疲労回復・消化促進に効く山芋も加わり、
胃腸のすぐれないときにも重宝する一品。

■ 材料（4人分）

米…100g
水…1100㎖
鶏手羽先…8本
塩…小さじ1
山芋…150g
しょうがスライス…2枚
にんにく…2片（半分に切り、芽を取る）
ごま油…少々

ニラのしょう油漬け、しじみのフライを添えて

◎ 作り方

1 米は洗ってざるにとり、水気を切る。鶏肉は塩をふって約10分おく。山芋は皮ごと2cm角に切る。

2 圧力鍋に米、水1100㎖、水気をふいた鶏肉、山芋、しょうが、にんにくを入れ、ごま油少々をまわしかける。ふたをして強火にかけ、第2リングまで上がったら、弱火にして約17分加圧する。火を止め、圧力表示ピンが自然に下がったら、取り出す。

※1回分ずつ小分けして冷凍保存もしておくと便利。

緑豆の甘煮

加圧 0分

水の代謝に優れ、むくみに効く緑豆は夏バテ防止にも効果抜群。
常備菜として、作りおきにおすすめ。

■ 材料（4人分）

緑豆（ムング）…100g
水…300㎖
三温糖…大さじ3
塩…ひとつまみ
陳皮…少々

◎ 作り方

1 緑豆は戻しておく（＊ P19 参照）。

2 1の緑豆と水 300㎖と残りの材料をすべて圧力鍋に入れ、ふたをする。強火にかけて第2リングまで上がったら、火を止め、圧力表示ピンが下がるまで自然に冷ます。食べる前に飾りに陳皮を散らす。

シンプルトマトソース

加圧 7分

白身魚のソテーに、パスタに、ラタトゥイユのベースに……
カレーの隠し味にもなる基本のソース。

■ 材料（作りやすい分量）

フルーツトマト…8個
トマトホール缶…2缶（1缶 400g）
にんにく…2片
オリーブ油…100㎖
フレッシュバジル…1枝
塩…少々

◎ 作り方

1 フルーツトマトはヘタを取り、トマトホールは漉す。にんにくはみじん切りにする。

2 圧力鍋にオリーブ油とにんにくを加え、弱火にかける。にんにくの香りがしてきたら、トマトホール、バジル、フルーツトマトを加え、ふたをして強火にかける。
第2リングまで上がったら、弱火にして約7分加圧する。火を止め、圧力表示ピンが自然に下がったら、塩で味をととのえる。

※いろいろとアレンジできるように、塩味は少なくしておくのがポイント。今回は「さといもとベーコンの詰まったまるごとキャベツ（P 46 ~ 47）」でソースとして使用。1回分ずつ小分けして、冷凍保存しておくと便利。

艶やか手前味噌

加圧 15分

大豆を柔らかく煮るなら、圧力鍋が最適。発酵するとかさが増すので、保存容器は大きめを準備。

■ 材料（作りやすい分量）

大豆…500g
水（熱湯）…6カップ
乾燥米麹…500g
塩…200g

◎ 作り方

1 大豆を戻し、下ゆでをする。
＊豆の基本の戻し方
一晩水に漬けない場合は、豆は洗って、圧力鍋に入れ、6カップの熱湯と豆を入れて、ふたをして1時間おく。その後水気を切り、下ゆでをする。

2 1の湯を捨てて、大豆を圧力鍋に入れ、水6カップ（分量外）を注ぎ、スチーマーを逆さにして入れる（＊P114 参照）。ふたをして強火にかけ、第2リングまで上がったら、弱火にかけ、約15分加圧し、火を止め、圧力表示ピンが自然に下がるまで冷ます。

3 湯を切った大豆をボウルに入れて、熱いうちに大豆を手かめん棒などでつぶす（写真）。このゆで汁はとっておく（種水を加える場合は、180mℓぐらいまで）。

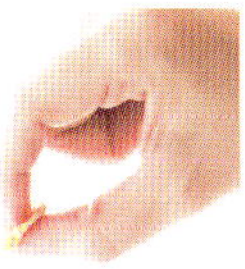

4 別のボウルに乾燥麹をほぐして、塩とまぶし、塩切り麹を作っておく（写真）。

5 3に少しずつ塩麹を加え、よく混ぜ合わせる。かたいときは、耳たぶぐらいのかたさになるまで、種水を加える（やわらかければ加える必要はない）。

6 空気を抜くように丸めて、野球ボールぐらいの大きさに味噌玉をつくり（写真）、保存容器の端から詰め込む。すべて詰め込んだら、手で表面をしっかりと押さえる。表面に軽く塩をして、和紙またはラップで表面を覆う（写真）。特に端の部分はかびやすいので塩をふるが、ふり過ぎは塩分量が変わるので注意する。

7 中ぶたをして、味噌の約20%のおもしをする。ふたをして、冷暗所におき、約1年おく。表面にカビが生えたら、その部分を削ぎ取り、上がったたまりを混ぜ合わせる。ホーローなどの容器に入れ、冷蔵庫で保存する。

※これ以上の分量を作るときは2回に分けて大豆をゆでること。表記の分量以上を一緒にゆでないでください。

お赤飯

加圧 5分 ＋ 加圧 3分

ささげ　赤飯

本格的なふっくらお赤飯を炊き上げるのに必要な時間は……
たったの３分！

■ 材料（４人分）

ささげ…70g
水…２カップ
もち米…３合
塩…小さじ½

◎ 作り方

1 圧力鍋にささげと水２カップを入れ、ふたをして強火にかける。第2リングまで上がったら弱火にして約5分加圧する。火を止め、圧力表示ピンが自然に下がったらふたをあけて、煮汁とささげを分ける。このときに煮汁をお玉で２～３回すくうようにする（写真）と、空気に触れてもち米を炊いたときの色がよくなる。

2 圧力鍋に洗ったもち米を入れ、１の煮汁と水を合わせて500㎖にしたものを注ぎ、ささげと塩を加える（写真）。ふたをして強火にかけ、第2リングまで上がったら、弱火にして約3分加圧する。火を止め、圧力表示ピンが自然に下がったらふたを開け、お赤飯の上下を返すようにほぐす。

いわしのオレンジ煮

加圧
20分

骨までやわらかく、しかも身はふっくら。
煮時間をさらに3分プラスすれば、子供でも食べやすいやわらかさ。

■ 材料（4人分）

いわし…4尾

A
- 水…250mℓ
- 酒…50mℓ
- しょう油…大さじ1
- みりん…大さじ2
- オレンジジュース100%…100mℓ

塩…少々

しょうがスライス…2枚

トレビスを添えて

◎ 作り方

1 いわしは頭を落とし、3〜4等分に切り、菜箸で内臓を抜いて洗う。しっかりと水気を切ったら、塩少々をふり、約5分おく。

2 圧力鍋にAとしょうがを入れて沸かし、火を止め、いわしを重ならないように並べる。このとき、いわしがひたひたに浸からないようであれば、水を足す。
強火にかけ、第2リングまで上がったら、弱火にして約20分煮る。火を止め、圧力表示ピンが自然に下がったら、取り出す。

※いわしの大きさにより、小骨がかたい仕上がりになる場合があります。

蒸し肉じゃがバター風味

加圧 6分 + 加圧 1分

スチーム

アツアツほくほく、でも煮くずれすぎない絶品じゃがいも。
蒸してから煮るのがポイント。

■ 材料（4人分）

アスパラ…4本
水…1カップ
じゃがいも…4個
牛肉の薄切り（バラ肉）…250g
A 和だし汁…400㎖
　砂糖…大さじ2½
　しょう油…大さじ3
　酒…大さじ1
バター…10g

◎ 作り方

1 アスパラはかたい軸の皮部分のみをピーラーでむき、5cm幅に切る。圧力鍋に1カップの水を入れて、アスパラをスチーマーにのせ、ふたをする。強火にかけて第1リングまで上がったら、火を止めて急速減圧する。

2 じゃがいもはよく洗う。圧力鍋に1カップの水（分量外）とスチーマーを入れ、じゃがいもをのせ、ふたをする。強火にかけて第2リングまで上がったら、弱火にして約6分（まだ芯がかたい状態）。火を止め、急速減圧して取り出し、熱いうちに皮をむき、半分に切る。

3 圧力鍋にAを沸かし、じゃがいもを入れてふたをし、強火にかける。第1リングまで上がったら弱火にして約1分。火を止め、急速減圧して、ふたをあける。

4 再び中火にかけて、じゃがいもに竹串を刺し、かたかったら芯に火が通るまで煮る。牛肉を食べやすい大きさにちぎり、広げながら加えていく。アスパラもこのときに入れる。牛肉に火が通ってきたら、バターを加え、火を止める。

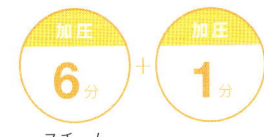

ベリーベリーコンフィチュール

加圧 1分

さらりとした仕上がりなので、パンにつけるだけでなく、
ヨーグルトドリンクや紅茶に入れても美味。

■ 材料（作りやすい分量）

ベリー（いちご、ブルーベリー、ラズベリー、
　レッドカラントなどお好みのもの）…300g
グラニュー糖…90g
レモンスライス…2 枚
　（ノンケミカルのもの。皮はよく洗う。）
レモン汁…小さじ1

パンを添えて

◎ 作り方

1 ボウルに水をはって、ベリーを入れたら、手でやさしく洗い、ざるにとる。水気をしっかり切る。

2 圧力鍋に1とグラニュー糖を入れて1時間ぐらいおく。水気が出てきたら、レモンスライスとレモン汁を加えてふたをする。第1リングまで上がったら、弱火にして約1分加圧する。火を止め、急速減圧したら、ふたを開けて少し煮詰める。

Daily Recipe

毎日の食卓に華を添える味わいレシピ

芽キャベツとブルーチーズのパスタ

加圧
1分

パスタと一緒に芽キャベツをゆでる時短料理……のはずが、
ブルーチーズと生クリームでレストランの味に。

■ 材料（2人分）

芽キャベツ…150 g
にんにく…1片
スパゲッティ…200 g（ゆで時間７分のもの）
A | 水…5カップ
  | 塩…小さじ2
オリーブ油…適量
ブルーチーズ…150 g
生クリーム…大さじ2～3
塩…少々
黒コショウ…少々

◎ 作り方

1 芽キャベツは縦半分に切る。にんにくはみじん切りにする。

2 圧力鍋に手で半分に割ったスパゲッティとA、芽キャベツを入れてふたをする。強火にかけ、第2リングまで上がったら、弱火にして約1分加圧する。火を止め、急速減圧にして、湯を切り、オリーブ油をからめる。

3 オリーブ油とにんにくを入れて、弱火にかける。にんにくの香りが出てきたら、中火にして、ブルーチーズと生クリームを加え、混ぜながら溶かす。2のスパゲッティと芽キャベツを加えてからめ、塩、コショウで味をととのえる。

フルーツトマトの濃厚ピラフ

加圧 5分

フルーツトマトの凝縮された甘さとフレッシュ感がくせになる、
爽やかだけどしっかりと舌に残る味わいを是非。

■ 材料（4人分）

フルーツトマト…5個
にんにく…2片
玉ねぎ…¼個
黄パプリカ…½個
ベーコン…2枚
オリーブ油…大さじ2
米…300g
水…280㎖
白ワイン…50㎖
コンソメキューブ…½個
塩…小さじ½
スライストマト、バジル…適宜

◎ 作り方

1 フルーツトマトは半分に切り、へたを落とす。にんにくと玉ねぎはみじん切りにする。黄パプリカはヘタと種を落とし、1cm角に切る。ベーコンはせん切りにする。

2 圧力鍋にオリーブ油、にんにく、ベーコンを入れ、弱火にかける。にんにくの香りが出てきたら、中火にして玉ねぎを炒める。玉ねぎが透明になってきたら、パプリカと米を洗わずに加えて炒める。

3 2に水280㎖、白ワイン、コンソメ、塩、フルーツトマトを加え、ふたをして強火にかける。第2リングまで上がったら、弱火にして約5分加圧する。火を止め、圧力表示ピンが自然に下がったら、ふたを開けて全体をほぐすように混ぜる。

鶏とエビのココナッツカレー モザンビーク風

加圧 6分

骨付き鶏とエビをトマトの水煮とココナッツミルクで煮たカレーは、シンプル＆手間いらず。

■ 材料（4人分）

鶏もも（骨付きぶつ切り）肉…600g
塩…小さじ½
エビ…250g
玉ねぎ…1個
にんにく…2片
トマトの水煮缶…1缶（400g）
オリーブ油…大さじ1
カレー粉…小さじ2
ローリエ…1枚
ココナッツミルク…1缶（400g）
レモン汁…1個分

ごはん
フライドバナナ
ピーナッツを添えて

◎ 作り方

1 鶏もも肉は塩をまぶす。エビは背わたを取り、殻をむく。玉ねぎとにんにくはみじん切りにする。トマトの水煮缶は漉す。

2 圧力鍋にオリーブ油とにんにくを入れ、弱火にかける。にんにくの香りが出てきたら、中火にして玉ねぎを炒める。玉ねぎが軽く色づいてきたら、鶏肉を加える。

3 2にカレー粉、トマトの水煮、エビ、ローリエを加えて強火にかける。沸騰したらアクをすくい、ふたをして第2リングまで上がったら、弱火にして約６分加圧する。火を止め、自然に圧力表示ピンが下がったら、ふたを開けてココナッツミルクを加え、弱火で約5分煮る。塩（分量外）で味をととのえる。食べる直前にレモン汁をかける。

鯛の包み蒸し 生姜風味

加圧
2分
スチーム

香味野菜で鯛の旨みをギュッと閉じ込めた、
冷めても美味しいパーティーメニュー。

■ 材料（4人分）

鯛の刺身…1柵
塩…少々
長ねぎ…1本
にんじん…⅓本
しょうが…½片
ごま油…小さじ1
酒…大さじ1
オーブンペーパー
水…2カップ

◎ 作り方

1 鯛はひと口大のそぎ切りにする。軽く塩をして5分おく。

2 長ねぎ、にんじん、しょうがは全てせん切りにする。

3 ボウルに鯛以外のすべての材料を入れ、混ぜ合わせる。

4 オーブンペーパーを縦 15cm × 20cm ぐらいに切ったものを8枚作る。

5 4のオーブンペーパーを広げ、鯛ひと切れと野菜をのせてキャンディーのように包む（写真）。

6 圧力鍋に2カップの水とスチーマーを入れる。5をスチーマーにのせて、ふたをする。強火にかけ、第2リングまで上がったら、弱火にして約2分蒸す。火を止め、急速減圧して取り出す。

かぶの鶏そぼろ煮

加圧
0分

鶏の出汁が上品にきいた甘いかぶと柚子のハーモニーは格別。

■ 材料（4人分）

かぶ…4個
鶏ひき肉…80g
A 和だし汁…1½カップ
酒・みりん…各大さじ1½
薄口しょう油…大さじ⅔
塩…小さじ½
しょうが汁…小さじ½
片栗粉…小さじ2（同量の水で溶く）
わかめ…適宜（さっとゆでておく）
柚子（皮のせん切り）…適宜

◎ 作り方

1 かぶは3cm葉を残して落とし、付け根の部分は竹串でよく土を洗い落とす。皮をむいておく。茎は10cm幅に切り、さっとゆでておく。

2 圧力鍋にAを沸かし、かぶを入れる。ふたをして強火にかけ、第2リングまで上がったら、火を止めて圧力表示ピンが自然に下がるまで冷ます。

3 かぶを取り出して、再び火にかけ、鶏肉をほぐしながら加える。沸騰したらアクをすくい、しょうが汁を加え、水溶き片栗粉でとろみを出す。

4 食べる前にかぶの茎、柚子のせん切り、わかめを添え、3をかける。

里芋と押し麦の煮物

加圧 1分 + 加圧 2分

スチーム

里芋と押し麦の食感が絶妙な取り合わせ。
桜エビの香りに包みこまれた煮物は、身体が喜ぶやさしい味。

■ 材料（4人分）

里芋…8個
水…3カップ
押し麦…45g（水に30分浸けておく）
A 和だし汁…900㎖
　みりん…大さじ2
　酒…大さじ1
　薄口しょう油…大さじ1
　塩…小さじ½
干し桜えび…大さじ2

◎ 作り方

1 里芋を下ゆでする。里芋は洗って皮をむき、水に取る。水気を切ってスチーマーにのせ、圧力鍋に水3カップを入れたら、三脚とスチーマーをセットして、ふたをする。強火で第1リングまで上がったら、弱火にして約1分蒸す。火を止め、急速減圧して、里芋を洗う。

2 圧力鍋にA、1の里芋、押し麦を入れてふたをする。強火にかけ、第1リングまで上がったら、弱火にして約2分加圧する。火を止め、急速減圧して、ふたを開け、桜えびを加えて弱火で数分煮る。

根菜たっぷりのすじこん

加圧 3分 ＋ 加圧 15分 ＋ 加圧 5分
牛すじ肉

牛すじも圧力鍋ならあっという間にやわらかに。
繊維質野菜と牛すじのコラーゲンが
嬉しい美肌料理。

■ 材料（4人分）

牛すじ肉…400g
水…2ℓ
昆布…5cm
A 長ねぎ（青い部分）…1本分
　しょうがスライス…2枚
ちくわ…1本
にんじん…½本
こんにゃく…1枚
塩…少々
れんこん…4cm
ごぼう…½本
さつまいも…小1本
B 酒、薄口しょう油、しょう油、みりん
　…各大さじ2

あさつき
糸唐辛子を添えて

◎ 作り方

1 圧力鍋に牛すじ肉を入れて水2ℓを注ぎ、ふたをして強火にかける。第2リングまで上がったら、弱火にして約3分加圧する。

2 火を止め、圧力表示ピンが自然に下がったら、1の湯を捨て、牛すじ肉を取り出し、3cmぐらいの大きさに切る。

3 牛すじ肉を圧力鍋に戻し、1.2ℓの水（分量外）と昆布、Aを加えて中火にかける。沸騰したら、昆布を取り出し、アクをすくう。ふたをして再び強火にかけ、第2リングまで上がったら、弱火にして約15分煮る。

4 牛すじ肉を煮ている間に下ごしらえをする。ちくわは5mm幅の小口切り、にんじんはひと口大の乱切りにする。こんにゃくは塩でもんでさっとゆで、スプーンでひと口大にちぎる。れんこんは1cmの幅に切り、十字に4等分に切る。ごぼうは1cm幅に切る。さつまいもはくずれやすいので2cm幅に切る。

5 3の火を止めて圧力表示ピンが自然に下がったら、4を加えて中火にかける。沸騰したら、Bを加え、アクをすくってふたをする。第2リングまで上がったら、弱火にして約5分加圧する（一度冷ました方が味がしみこみやすい）。火を止め、圧力表示ピンが下がるまで自然に冷ます。

ロートコール・ミット・エプフェルン
～紫キャベツとりんごの蒸し煮～

加圧 1分

肉の煮込み料理の添えものとして、サンドイッチ、パスタにからめてなど、彩り豊かでアレンジもきくパーティーメニュー。

■ 材料（4人分）

紫キャベツ…1個（約 370 g）
塩…小さじ1½（キャベツの約2％）
砂糖…小さじ1½
赤ワインビネガー…70㎖
りんご（紅玉）…1個
玉ねぎ…⅓個
サラダ油…大さじ2

A | クローブ（ホール）…2粒
　| キャラウェイ…小さじ1
　| ローリエ…1枚）
赤ワイン…大さじ2

グリルしたカジキを添えて

◎ 作り方

1 キャベツは外側のかたい葉を取り、4つ切りにする。芯を落として、3mm 幅のせん切りにする。ボウルにキャベツを入れ、塩、砂糖、ワインビネガーをまぶす。

2 りんごは6等分にして皮をむき、種を取り、3mm 幅に切る。玉ねぎはみじん切りにする。

3 圧力鍋を中火に熱し、サラダ油を加えて玉ねぎを炒める。玉ねぎが透明になってきたら、りんごを加え、薄く色づくまで、約5分かき混ぜながら炒める。

4 3に1とAを加えてふたをし、強火にかける。第2リンクまで上がったら、弱火にして約1分加圧する。火を止めて急速減圧した後、ふたを開け、赤ワインを注ぐ。中火にかけて、汁気がなくなるまで煮る。

里芋とベーコンの詰まった まるごとキャベツ

加圧 4分 スチーム ＋ 加圧 5分 スチーム

スタッフィングした里芋のペーストをほろほろとくずしながら、キャベツをまるごと味わって。

■ 材料（4人分）

にんにく…1片
玉ねぎ…⅛個
ベーコン…2枚
里芋…2個
キャベツ…1個（今回はサボイキャベツを使用）
水……1カップ
オリーブ油…大さじ1
生クリーム…大さじ2
塩…小さじ½
コショウ…少々
水…1カップ
シンプルトマトソース（P16～17）

◎ 作り方

1 にんにくと玉ねぎはみじん切りにする。ベーコンはせん切りにする。里芋は皮をよく洗う。

2 包丁を立てながら、キャベツの芯をくりぬく。真ん中から直径8cm程度に包丁で切り込みを入れて、下の方までくりぬく（底はくりぬかない）。くりぬいたキャベツは、かたい芯を除いてみじん切りにする。

3 圧力鍋に1カップの水とスチーマーを入れ、里芋をのせる。ふたをして強火にかけ、第2リンクまで上がったら、約4分加圧して、火を止め、圧力表示ピンが自然に下がるまで冷ます。里芋を取り出して、皮をむき、ざく切りにする。

4 別途鍋を用意し、オリーブ油、にんにく、ベーコンを加えて弱火で熱し、にんにくの香りが出てきたら、玉ねぎを加えて炒める。玉ねぎが透明になってきたら、刻んだキャベツを加える。里芋を加え、木べらでつぶしながら炒め合わせる。生クリーム、塩、コショウで味をととのえる。

5 キャベツのくりぬいた部分に4をしっかりと詰め込む（写真）。

6 圧力鍋に1カップの水（分量外）とスチーマーを入れ、5を詰めた部分を上にしてのせ、ふたをする。強火にかけ、第2リングまで上がったら、弱火にして約5分加圧する。火を止め、急速減圧して、キャベツがやわらかくなっていたらOK。

セルドエストファード

〜鶏と野菜のポトフ スペイン風〜

加圧 7分

パンにもごはんにもパスタにも合う、チョリソや骨付き鶏もも肉、
ガルバンゾがきいた野菜の煮込み。

■ 材料（4人分）

ソーセージ…100g
チョリソ…50g
玉ねぎ…1個
キャベツ…½個
にんじん…1本
骨付き鶏もも肉（ぶつ切り）…450g
塩、コショウ…各少々

ガルバンゾ豆…70g
にんにく…2片（皮付き）
ローリエ…1枚
白ワイン…100mℓ
水…1ℓ
オリーブ油…大さじ1弱
粒マスタード…適宜

◎ 作り方

1 ソーセージは楊枝で数カ所に穴をあける。チョリソは2cm角に切る。玉ねぎはくし切りにする。キャベツは半分に切る。にんじんは縦半分長さ半分に切る。鶏肉は塩、コショウを強めにして10分おく。
ガルバンゾ豆は戻しておき（＊P19参照）、にんにくは皮付きのままにしておく。

2 圧力鍋に豆を入れ、キャベツをのせる。野菜を加えて、肉、ソーセージ、チョリソを上にのせる。ローリエ、白ワイン、水1ℓを加え、オリーブ油をまわしかける。

3 ふたをして強火にかける。第2リングまで上がったら、弱火にして約7分加圧する。火を止め、ふたに流水をかけ、水冷減圧してふたを開ける。

鶏手羽の豆鼓蒸し

加圧
6分
スチーム

豆鼓と梅の旨みが凝縮した本格中華蒸し。主な作業は混ぜるだけ、あとは圧力鍋におまかせ！

■ 材料（4人分）

長ねぎ…1本
鶏手羽元…8本
塩…少々
しょうが…小さじ1（すりおろす）
にんにく…1片（すりおろす）
梅干し…1個（種を取りちぎる）
しょう油…ひとたらし
老酒（日本酒でも）…煮切り大さじ1
豆鼓…小さじ1（なければコショウ少々）
ごま油…大さじ1
水…1カップ

◎ 作り方

1 長ねぎは1cm幅の小口切りにする。

2 耐熱ボウルにすべての材料を入れて（ごま油は最後に）、手でよく混ぜ合わせる。

3 圧力鍋に1カップの水を注ぎ、スチーマーを入れ、2のボウルをのせて、ふたをする。強火にかけ、第2リングまで上がったら、弱火にして約6分加圧し、火を止め、急速減圧して取り出す。

五目豆

加圧
2分

栄養バランスはお墨付き。常備菜としてたっぷり作りおきしたいザ・家庭料理。

■ 材料（4人分）

大豆…200g（＊ P19 参照）
こんにゃく…½枚
塩…適量
にんじん…½本
れんこん…100g
ごぼう…70g
長ねぎ（青い部分）…1本分
A | 和だし汁…200㎖
 | しょう油…大さじ 3
 | 砂糖…大さじ3

◎ 作り方

1 大豆は戻して下茹でする（＊ P19 参照）。こんにゃくは塩もみし、さっとゆがいて 1.5cm 角に切る。にんじんは 1.5cm 角、れんこんは皮付きのまま 1.5cm 角に切る。ごぼうは 1.5cm 幅に切る。

2 圧力鍋に 1、長ねぎ、A を入れ、ふたをして強火にかける。第 2 リングまで上がったら、弱火にして約 2 分加圧する。火を止め、圧力表示ピンが下がるまで、自然に冷ます。

豚肉とごぼうの味噌煮

加圧
5分

ごぼうの素朴な香りを堪能できるのも圧力鍋ならでは。
滋味深い味わいがほっとする和食の定番。

■ 材料（4人分）

豚肩肉かたまり…300g
ごぼう…150g
しょうが…15g（せん切り）
和だし汁…300mℓ
A 味噌…大さじ2
みりん…大さじ2
しょう油…大さじ1
酒…大さじ1
砂糖…大さじ2

◎ 作り方

1 豚肉はひと口大に切る。ごぼうは2cm幅に切り、さっと水にさらす。

2 圧力鍋に豚肉、水気を切ったごぼう、しょうがを入れ、和だし汁を注ぎ、Aを加える。

3 ふたをして強火にかける。沸騰して第2リングまで上がったら、弱火にして約5分煮る。火を止め、圧力表示ピンが下がるまで、自然に冷ます。

イカ飯

加圧 12分

定番のイカ飯は、イカワタを一緒に詰め込んで濃厚な味わいに。
煮汁で里芋を煮るのもおすすめ。

■ 材料（4人分）

もち米…50g
押し麦…45g
スルメイカ…2杯
A｜イカワタ…大さじ1
　｜しょう油…大さじ1½
　｜七味…少々
しょうが…8g（せん切り）

B｜煮切り酒…300㎖
　｜水…300㎖
　｜しょう油…大さじ4
　｜みりん…大さじ4
　｜砂糖…小さじ2

木の芽を添えて

◎ 作り方

1 もち米と押し麦は洗って、水に30分浸けておく。イカは胴から足を抜き、ワタと軟骨を取り、胴の内側を水洗いして水気を切っておく。

2 ゲソは細かく刻んで、混ぜ合わせたAにつけて10分おく。

3 ボウルに2と水気を切ったもち米、押し麦しょうがを入れて混ぜ合わせる。

4 イカに3を半量ずつ詰めて（半分ぐらいが目安）イカの身の端を楊枝で閉じ、両手でギュッギュッとイカをおさえ、しっかりと詰める。

5 圧力鍋にイカを並べ、Bを加え、ふたをして強火にかける。第2リングまで上がったら、弱火にして約12分加圧する。火を止め、圧力表示ピンが下がるまで、自然に冷まし、ふたを開ける。

6 イカを取り出して、汁を煮詰める。とろみが出てきたら、火を止めてイカにからめる。食べやすい大きさに切り、煮詰めたタレをかける。

干し貝柱と冬瓜のスープ

加圧 10分 ＋ 加圧 3分

スチーム

むくみ、暑気あたり、二日酔いに効く
冬瓜の薬膳風スープは、干し貝柱の旨みが決め手。

■ 材料（4人分）

冬瓜…½個
揚げ油…適量
水…1カップ
干し貝柱…4個（白くかたい部分を取り除き、水適量に浸けて一晩冷蔵庫におく）

A
- 水…100mℓ
- 酒…大さじ1
- 長ねぎ（青い部分）…1本分
- しょうがスライス…2枚

鶏がらスープ…500mℓ
干し貝柱の戻し汁…120mℓ
塩、コショウ…各少々
水溶き片栗粉…大さじ1（同量の水で溶く）

◎ 作り方

1 冬瓜は薄く緑色が残る程度に皮をむき、ワタを落として、ひと口大に切る。揚げ油を120～130度に熱し、さっと油通しする。

2 圧力鍋に水1カップとスチーマーを入れ、耐熱ボウルに戻した干し貝柱とAを入れてふたをする。強火にかけて第2リングまで上がったら、弱火にして約10分蒸す。火を止め、圧力表示ピンが自然に下がってきたら、貝柱を取り出してほぐす。

3 洗った圧力鍋に鶏がらスープ、干し貝柱の戻し汁、2の貝柱、冬瓜を入れ、ふたをして強火にかける。第2リングまで上がってきたら、弱火にして約3分加圧する。火を止め、圧力表示ピンが自然に下がったら、ふたを開ける。そのまま中火にかけて、塩、コショウで味をととのえ、水溶き片栗粉でとろみをつけて火を止める。

よだれ鶏

加圧 3分
スチーム

老酒と調味料に漬けた鶏の蒸し煮。
食欲をそそる香りが鶏にしっかりと染み込んだ酒の肴。

■ 材料（4人分）

鶏もも肉…1枚
塩…少々
しょうがスライス…2枚
長ねぎ（青い部分）…1本分
水…2カップ
老酒…200㎖
あさつき…適量
黄パプリカ…適宜
花椒（中国山椒…3～4粒　なければ粒コショウ、
　又はなくても可）

◎ 作り方

1 鶏肉は厚みのある部分を開き、筋に切り込みを入れて、塩少々をふり10分おく。

2 耐熱ボウルに鶏肉の皮面を下にしてのせ、老酒を煮切り、アルコールを飛ばし、熱いうちに注ぐ。しょうが、長ねぎをのせる。

3 圧力鍋に水2カップを入れてスチーマーをのせ、2を入れてふたをする。強火にかけ、第2リングまで上がったら、弱火にして約3分加圧する。火を止め、圧力表示ピンが自然に下がるまで冷ます。

4 鶏肉は取り出してスライスする。蒸し汁を煮詰めてとろみが出てきたら、鶏肉にかけ、黄パプリカ、あさつき、花椒を散らす。

なすとひき肉の中華風重ね蒸し

加圧
5分
スチーム

簡単中華蒸しなのに、手が込んで見える優秀な一品。
冷めても美味しいので、作りおきも OK。

■ 材料（4人分）

なす…4本
長ねぎ…10cm
にんにく…1片
豚ひき肉…200g
A
　長ねぎ…5cm（みじん切り）
　しょうが…小さじ2（みじん切り）
　しょう油…小さじ2
　ごま油…大さじ1
　コショウ…少々
　塩…小さじ¼
片栗粉…適量
水…1カップ
サラダ油…大さじ2
しょう油…小さじ2
あさつき…適量

◎ 作り方

1 なすはへたを落とし、縦4等分の薄切りにして水にさらす。長ねぎは斜めに切る。にんにくは芽を取り、縦にうす切りにする。

2 ボウルに豚ひき肉、A を入れて軽く混ぜ合わせる。

3 なすの水気をふきとり、断面に片栗粉をはけで薄くぬる。なすの断面に2のひき肉をのせて交互に重ねる。スチーマーにオーブンペーパーを敷き、なすを並べる。

4 圧力鍋に水1カップを入れ、3をのせてふたをする。強火にかけ、第2リングに上がったら、弱火にして5分加圧し、火を止め、急速減圧して取り出す。

5 別途鍋を用意し、サラダ油、にんにく、ネギを入れて弱火にかける。にんにくとねぎが色づいてきたら、取り出す。しょう油を加え、香ばしい香りがしたら火を止める。

6 5のにんにく、ねぎ、あさつきは食べる前にかける。

塩豚と豆の煮込み

加圧 10分

煮込みそのものを味わうのはもちろん、
豆と残り汁を煮詰めてパスタとからめてもまた旨し。

■ 材料（4人分）

豚肩ロース…550〜600g
白花豆、赤インゲン豆…合わせて 180g（＊ P19 参照）
塩…17 g（豚肩ロースの３％）
水…1.4ℓ
フレッシュタイム…1枝
にんにく…2片
ローリエ…1枚

パンを添えて

◎ 作り方

1 豚肩ロースは塩をしっかりまぶして、冷蔵庫で1〜3日おく。洗って水気をふき、タコ糸でしばる。
豆は戻しておく（＊ P19 参照）。

2 圧力鍋に 1 と水 1.4ℓ、フレッシュタイム、戻した豆、にんにく、ローリエを入れ、強火にかける。アクをすくって、ふたをする。第2リングまで上がったら、弱火にして約 10 分加圧する。火を止め、圧力表示ピンが下がるまで自然に冷ます。

タコとオリーブのトマト煮

加圧
3分

タコは切ってから煮るのではなく、まるごと煮てから切ると縮まず、絶妙な歯ごたえに。

■ 材料（4人分）

トマト缶…1缶（400g）
にんにく…1片
玉ねぎ…½個
いんげん…8～12本
オリーブ油…50㎖
鷹の爪…1本（種を取る）
ゆでタコ…400g
白ワイン…50㎖
ローリエ…1枚
オリーブの実…½カップ
塩…少々

パンを添えて

◎ 作り方

1 トマト缶は漉す。にんにくと玉ねぎはみじん切りにする。いんげんはへたを落とし、3cm幅に切る。

2 圧力鍋にオリーブ油、にんにくを入れて弱火にかける。にんにくの香りが出てきたら中火にして、鷹の爪と玉ねぎを加えて炒める。玉ねぎが透明になってきたら、トマト缶を加える。沸騰してきたら、タコ、白ワイン、ローリエ、オリーブの実を加え、再び沸騰してきたらアクをすくい、ふたをする。

3 2を強火にかけ、第2リングまで上がったら、弱火にして約3分加圧する。

4 火を止め、圧力表示ピンが自然に下がったら、ふたを開けてタコを取り出し、ひと口大に切る。弱火にして、いんげんを加え、約5分煮る。火を止める直前にタコを戻し、塩で味をととのえる。

牛肉の上新粉蒸し

加圧
5分
スチーム

豆板醤を使えば旨辛に、しょう油を使えば、
ひと味違った美味しさも。

■ 材料（4人分）

牛バラ薄切り肉（豚バラ肉でも可）…300g
れんこん…4cm
酢…少々
コショウ…少々
A　しょう油…大さじ1
　　煮切り酒…大さじ2
　　砂糖…大さじ1
　　豆板醤…小さじ1弱
※辛いのが苦手な方は豆板醤のかわりにしょう油少々を足してください

B　上新粉　大さじ1
　　しょうが…大さじ1（みじん切り）
サラダ油…適量
塩…少々
水…1カップ

輪切り鷹の爪
エンダイブを添えて

◎ 作り方

1　牛肉は1cm幅、れんこんは1cm幅に切り、さらに半分に切って酢水にさらす。

2　ボウルに牛肉を入れ、コショウを強めにしてよく混ぜる。Aを加えてさらに手でよく混ぜる。

3　2にBを加えてよく混ぜ、サラダ油を加えて混ぜる。

4　耐熱ボウル（直径16.5cm×高さ8cm）に3の肉をほぐしながら入れ、水気を切ったれんこんに塩少々をしてのせる。

5　圧力鍋に1カップの水とスチーマーを入れ、4のボウルをのせる。ふたをして強火に、第2リングまで上がったら、弱火にして約5分蒸し、火を止める。圧力表示ピンが下がるまで自然に冷ます。食べる前に鷹の爪を散らす。

ポークスペアリブのマーマレード煮

加圧 10分

マーマレードの酸味とほのかな苦みが肉とじゃがいもに染み込んで
食べあきない美味しさ。豚バラ肉でも。

■材料（4人分）

にんにく…5片
玉ねぎ…2個
小じゃがいも…400g
豚スペアリブ…700g
マーマレードジャム…大さじ4（70g）
A しょう油…大さじ3
　酒…50㎖
　水…400㎖

チャービルを添えて

◎作り方

1 にんにくは半分に切って、芽を取る。玉ねぎは1cm幅のくし切りにする。じゃがいもはよく洗う。

2 圧力鍋にじゃがいもを皮付きのまま、まるごと入れる。玉ねぎの⅓量をのせ、スペアリブの半量をまんべんなくのせる。にんにく半量と残りの玉ねぎの半量を散らし、残りのスペアリブを上に重ね、残りのにんにくと玉ねぎを散らす。

3 Aをまわしかけ、マーマレードを入れてふたをする。強火にかけ、第2リングまで上がったら、弱火にして約10分加圧する。

4 火を止め、圧力表示ピンが自然に下がったら、ふたを開けて中火で約10分煮る。

白身魚の香草蒸し

加圧 4分

見た目に豪華、食べて美味、手間いらず。
丸ごと１尾を香草で蒸した贅沢なメニューは旬の鮮魚で楽しんで。

■ 材料（４人分）

野菜（ズッキーニ、黄パプリカ、トマト、セロリ、にんじんなど）…適量
白身の魚（鯛、ほうぼうなど）…1尾約 250g
塩、コショウ…各少々
好みのフレッシュハーブ（ローズマリー、タイム、ミント、ディルなど）
ケイパー…大さじ1
白ワイン、ペルノーなどの酒…少々
オリーブ油…小さじ2
にんにくスライス…½片
水…1カップ

◎ 作り方

1 野菜は1cm 角に切る。

2 魚はうろこと内臓を取り、洗って水気をふきとる。塩、コショウをまんべんなくして、ハーブを中に詰める。

3 スチーマーの上にオーブンシートを敷き、１とケイパーを敷く。魚を入れ、その上ににんにくとハーブをのせ、白ワインとオリーブ油をまわしかける（写真）。

4 圧力鍋に水１カップを入れ、３をのせる。ふたをして強火にかけ、第2リングまで上がったら、弱火にして約４分加圧する。火を止め、急速減圧して取り出す。

※魚の大きさにより、蒸し時間が変わる場合があります。

ザウワーリンゼン
～酸味の効いたレンズ豆の煮物～

加圧 6分

伝統的なドイツ家庭料理は、山羊のチーズグリルや
ソテーしたサーモンに添えても好相性。

■ 材料（４人分）

にんじん…½本
セロリ…1本
玉ねぎ…¼個
にんにく…1片
オリーブ油…大さじ2
レンズ豆…150g（洗っておく）
チキンスープ…400㎖
A ローリエ…1枚
　クローブ…2粒
　タイム…少々
　あればジュニパーベリー…2～3粒
※煮だし用ティーバックに入れる

B 粒マスタード…大さじ1
　白ワインビネガー…大さじ2
塩、コショウ…各少々

オレガノ
オーブンで焼いた山羊チーズ
パンを添えて

◎ 作り方

1 野菜はみじん切りにする。

2 圧力鍋を中火に熱し、オリーブ油を引いて1の野菜を炒める。野菜に火が通ったらレンズ豆、チキンスープ、Aを加えてふたをする。強火にかけ、第2リングまで上がったら、弱火にして約6分加圧する。

3 火を止め、圧力表示ピンが自然に下がったら、ふたを開けてBを合わせ、塩、コショウで味をととのえる。

Weekend Recipe

週末にプチ贅沢を楽しむおもてなしレシピ

シュークルート
～ザワークラウトのソーセージ煮込み～

加圧 3分

ドイツの家庭料理も市販のザワークラフトを使えば、
驚くほど手軽に。アルザスの白ワインを傾けながら。

■ 材料（4人分）

ザワークラウト（市販）…400g
ソーセージ…8本
玉ねぎ…1個
オリーブ油…大さじ2
ベーコンかたまり…4cm
フレッシュタイム…1枝
ローリエ…1枚
白ワイン…200㎖
白ワインビネガー…50㎖
塩、コショウ…各少々
チーズ　グリエールチーズ…適量（すりおろす）
ベーコン…適量
パセリ…適宜

◎ 作り方

1 ザワークラウトはさっと水で洗い、水気を切っておく。ソーセージは楊枝で数カ所穴をあけておく。玉ねぎはスライスする。

2 圧力鍋にオリーブ油を入れて熱し、玉ねぎを炒める。玉ねぎが透明になってきたら、ザワークラウト、ベーコン、タイム、ローリエ、白ワイン、白ワインビネガーを加える。沸騰してアルコールが飛んだら、ソーセージを加えてふたをする。

3 強火にかけて第2リングまで上がったら、弱火にして約3分加圧する。火を止め、圧力表示ピンが自然に下がったら、ふたを開けて味をみる。酸味がまろやかになっていたら、塩、コショウで味をととのえる。まろやかになっていなければ、そのままもう少し煮てから、味をととのえる。

4 食べる前にグリエールチーズ、炒めたベーコンをたっぷりかけ、パセリを散らす。

自家製コンビーフ

加圧 2分 + 加圧 20分 + 加圧 20分

白いんげん豆

本来なら8時間の煮込みも圧力鍋なら大幅に短縮。
じんわり美味しさの広がるコンビーフをご家庭で。

■ 材料（4人分）

にんじん…½本
玉ねぎ…1個
セロリ…1本
牛もも肉かたまり…500g
塩…小さじ1
白いんげん豆…70 g
水…2カップ
オリーブ油…大さじ2

A
- クローブ…2本
- ローリエ…2枚
- 黒こしょう…4粒

塩、コショウ…各少々

ディジョンマスタード
パンを添えて

◎ 作り方

1 野菜はみじん切りにする。肉は2cm角に切り、塩小さじ1をまぶす。
白いんげん豆は戻しておく（＊P19参照）。

2 圧力鍋に水気を切った白いんげん豆を入れ、水2カップと塩小さじ½（分量外）を入れ、ふたをして強火にかける。第2リングまで上がったら、弱火にして約2分加圧する。火を止め、圧力表示ピンが自然に下がったら、取り出して水気を切る。

3 洗った圧力鍋を中火で熱し、オリーブ油を入れて牛肉を炒める。肉に火が通ったら、野菜を加えて炒め、野菜がしんなりしたら、2の白いんげん豆とAを加える。水を注いで沸騰したら、アクをすくいふたをする。

4 強火にかけて第2リングまで上がったら、弱火にして約20分加圧する。火を止め、圧力表示ピンが自然に下がったら、ふたを開けてかき混ぜる。ふたをして再び強火にかけ、第2リングまで上がったら、弱火にして約20分加圧する。

5 圧力表示ピンが自然に下がったら、ふたを開け、中火で水分を飛ばしながら、よくかき混ぜる。すべてがくずれてとろりとするまで煮て、塩、コショウで味をととのえる。

子持ち鰈《カレイ》のスパイス煮 タジン風

加圧
7分

爽やかなオリエンタルの香りのレモン塩が
さらに風味を増してくれる一品。タラやカジキ、鶏肉でも。

■ 材料（4人分）

サフラン…ひとつまみ（パプリカでも可）
水…100㎖
じゃがいも…2個
トマト…1個
玉ねぎ…½個
にんじん…½本
にんにく…1片
子持ち鰈…2～4切れ
オリーブ油…大さじ2
カリフラワー…4房
レモンの塩漬け…適量（レモンを皮ごとハーブと香辛料、塩で漬け込んだもの。なければレモンスライスと塩を混ぜ合わせて使用）

香菜…1束

A
- クミンシード…小さじ1
- ジンジャーパウダー…小さじ½
- 鷹の爪1本（種を取り、ちぎる）

クスクス
ハリサ（チュニジア圏の唐辛子ペースト）を添えて

◎ 作り方

1 サフランは水100㎖に浸けておく。じゃがいもは皮をむいて、1cm幅に切り、水にさらす。トマトはヘタを取り、1cm幅に切る。玉ねぎは1cmの輪切りにする。にんじんは縦4等分に切る。にんにくは薄くスライスし、香菜は根ごとみじん切りにする。

2 子持ち鰈はレモン塩をすりつける。

3 圧力鍋にオリーブ油を引き、水気を切ったじゃがいもを並べる。その上に、玉ねぎを並べる。

4 3の上に子持ち鰈を並べ、にんにく、トマト、カリフラワー、にんじんをのせる。Aを全体に散らし、サフラン水をまわしかける。上に香菜をのせ、ふたをして、強火にかける。第2リングまで上がったら、弱火にして約7分加圧し、火を止め、急速減圧して取り出す。

サンバル
～バリ風スパイシートマトソース～

加圧 3分 ＋ 加圧 3分

魚のソース、パスタ、ステーキ、サラダなど、
アレンジ次第でバリエーションは自由自在。

■ 材料（できあがり約 500 g分）

小さめのトマト…20 個
バワンメラ（ミニレッドオニオン）…15 個（玉ねぎなら1個）
にんにく…5片
フレッシュ赤唐辛子（大）…10 本
フレッシュ赤唐辛子（小）…1カップ
トラシー（オキアミやエビを発酵させて作るインドネシアの調味料）…大さじ1（生唐辛子、カピ、ナンプラーでも可）
水…50㎖
オリーブ油…100㎖
塩…小さじ1
砂糖…大さじ1⅓
こぶみかんの葉…10 枚

豚肉のソテー
ズッキーニ
スライスレモンを添えて
※辛さは好みで調節してください。

◎ 作り方

1 トマトはへたを落とす。バワンメラ、にんにく、唐辛子はみじん切りにする。トラシーは竹串に刺してガス火に当て、表面を焼く。

2 圧力鍋にトマト半量と水 50㎖を入れ、ふたをして強火にかける。第1リングまで上がったら、弱火にして約3分加圧し、火を止める。

3 別途鍋を用意し、油を加えずに、にんにくと玉ねぎ（バワンメラ）を入れて、中強火でよくかき混ぜながら、玉ねぎ（バワンメラ）が少ししんなりして色がつくまで炒める。

4 2の圧力表示ピンが自然に下がったら、3と残りのトマト、唐辛子を加え、ふたをして中火にかける。第1リングまで上がったら、弱火にして約3分加圧する。

5 火を止め、圧力表示ピンが自然に下がったら、4を取り出して、トラシーと合わせてすり鉢でする。鍋に戻して、弱火にかけてふつふつしてきたら、オリーブ油を少しずつ加えながら混ぜ合わせる。塩、砂糖、こぶみかんの葉を加える。

チリコンカルネ
～豆と牛ひき肉のスパイシー煮込み～

加圧 2分 ＋ 加圧 6分

小分けにして冷凍しておくと、突然の来客への一品にもなる便利メニュー。

■ 材料（4人分）

レッドキドニービーンズ（乾燥）…200g
水…2カップ
塩…小さじ½
チョリソー・ソーセージ…200g
玉ねぎ…大1個
にんにく…2片
赤パプリカ…1個
トマト…1個
香菜…3株
トマト缶（800 g）…2缶
牛ひき肉…200g
オリーブ油…大さじ2

A　チリパウダー…50mℓ
　　クミン…小さじ2
　　乾燥バジル…小さじ1
　　カイエンヌペッパー…小さじ1
B　ローリエ…1枚
　　スティックシナモン…1本
　　ハラペーニョ…2本　※タコ糸で結ぶ
ビーフブロス…2缶（ビーフコンソメ800mℓでも可）
パルミジャーノチーズ…適量（すりおろす）

トルティーヤチップスを添えて

◎ 作り方

1 レッドキドニービーンズを戻す（＊P19参照）。

2 1の豆の水気を切り、圧力鍋に入れ、水2カップと塩小さじ½を加えてふたをする。強火にかけ、第2リングまで上がったら、弱火にして約2分加圧する。火を止め、圧力表示ピンが自然に下がったら、取り出して水気を切る。

3 チョリソー・ソーセージは1cm角のサイコロに切る。玉ねぎとにんにくはみじん切り、パプリカはヘタと種を取り、1cm角に切る。トマトはへたを落とし、中の種をのぞく。香菜は葉と根を分けてみじん切りにする。トマト缶は漉す。

4 圧力鍋にオリーブ油を入れて中火に熱し、牛ひき肉をしっかりと炒める。にんにく、香菜の根の部分を入れて炒め、にんにくの香りが出てきたら、玉ねぎを加える。玉ねぎが半透明になってきたら、A、B、チョリソー・ソーセージ、パプリカ、ビーンズ、トマト缶、ビーフブロス、香菜、トマトをくずしながら加える。沸騰したらアクをすくい、ふたをする。

5 強火にかけて第2リングまで上がったら、弱火にして約6分加熱する。圧力表示ピンが自然に下がったら、ふたを開け、汁気が減って豆が見えるまで弱火で約5分煮る。塩（分量外）で味をととのえ、食べる前にパルミジャーノチーズをかける。

赤ワインとバルサミコ風味の角煮

加圧 12分 ＋ 加圧 5分 スチーム

赤ワインが進む洋風角煮。
ほどよい食感とバルサミコならではのさっぱり味を堪能して。

■ 材料（4人分）

豚バラかたまり肉…約550～600g
塩…少々
水……600mℓ
A　赤ワイン…1カップ
　バルサミコ酢…大さじ3
　にんにく…1片
　ローリエ…1枚
　しょう油…大さじ3

セルバチコを添えて

◎ 作り方

1 豚バラ肉は塩少々を全体にふり、圧力鍋を強火で熱し、表面を焼いて余分な脂を落とす。

2 圧力鍋を洗って、豚バラ肉を戻し、水600mℓとAを加えてふたをする。強火にかけて第2リングまで上がったら、弱火にして約12分加圧する。火を止め、圧力表示ピンが下がるまで自然に冷ます（煮汁は取っておく）。

3 食べる寸前に、圧力鍋に水1カップ（分量外）とスチーマーを入れて、豚バラ肉をのせてふたをする。強火にかけ、第2リングまで上がったら、弱火にして約5分蒸し、火を止め、圧力表示ピンが下がるまで自然に冷ます。

4 圧力鍋を洗い、煮汁を戻して半量まで煮詰め、豚肉を入れてからめる。豚肉を取り出して、1cm幅に切る。煮汁はさらにとろみが出るまで煮詰め、ソースとしてかける。

豚のブナ
～バングラデシュ風カレー～

加圧 8分

ブナとは汁気のないカレーのこと。
鶏や魚で作っても大人だけが楽しめる禁断の味に。

■ 材料（4人分）

豚肩ロースかたまり肉…500g

A
- 玉ねぎ…½カップ（すりおろす）
- にんにく…大さじ2（すりおろす）
- しょうが…大さじ2（すりおろす）
- 塩…小さじ1

B
- ターメッリックパウダー…小さじ1
- チリパウダー…大さじ1
- ガラムマサラ…大さじ2
- カルダモン…2～3個（割る）
- クローブ（ホール）…3個
- シナモンスティック…1本（今回はワイルドシナモンスティックを使用）
- シナモンの葉…2枚（3等分ぐらいにちぎる）（ローリエでも）

C
- トマトホール缶…大さじ3
- ヨーグルト…大さじ2～3
- ココナッツミルク…1カップ強

サラダ油…100㎖

ごはん
カシューナッツ
ゴーヤのペーストを添えて

◎ 作り方

1 豚肉は1cm 幅、長さ 3cm に切る。

2 ボウルに 1 の豚肉と A と B の香辛料を入れ、手でよく混ぜ合わせ、常温で約 30 分おく。

3 30 分経ったら、2 に C を加えて混ぜ合わせる。

4 圧力鍋にサラダ油を入れて中強火で熱し、3を加えて炒める。木べらでかきまぜながら、ふつふつと沸騰してきたらふたをする。第2リングまで上がったら、弱火にして約8分煮る。火を止め、圧力表示ピンが自然に下がったら、ふたを開けて味をみる。塩が足りなければととのえる。

ルーラーデ
～野菜の牛肉ロール巻き煮込み～

加圧 3分

切り口の配色が美しい洋風牛肉巻き。
牛肉と野菜にピクルスの酸味の絶妙なコンビネーション。

■ 材料（4人分）

玉ねぎ…½個
ベーコン…4枚
きゅうりのピクルス…3本
にんじん…10cm
セロリ…1本
リーキ（長ねぎでも）…⅓本
バター…20g
小麦粉…大さじ2½
牛肉の薄切り…8枚
ディジョンマスタード…大さじ2
ラード…適量
水…2カップ
赤ワイン…400mℓ
パセリの茎…3本
トマトペースト…大さじ1
塩…少々
ピクルスの漬け汁…大さじ1

カルトッフェルクヌーデル（ドイツ風じゃがいも団子）を添えて

◎ 作り方

1 玉ねぎはみじん切りにし、ベーコンは半分に切る。ピクルスとにんじんは1cm角、長さ10cmの棒切りにする。セロリは10cm分を1cm角の棒切り、残りはみじん切りにする。リーキはみじん切りにする。バターと小麦粉は練り合わせておく。

2 にんじんはあらかじめ圧力鍋で蒸しておく（第1リングまで上がったら、火を止め、急速減圧する）。

3 牛肉を2枚並べ、真ん中は少し重ねる。

4 3の牛肉の表面にディジョンマスタードを塗り、玉ねぎを散らす。牛肉の端が狭い方にベーコン2切れ、ピクルス、にんじん、セロリをのせて、具を芯にして端から肉をくるくると巻く（写真）。

5 圧力鍋にラードを熱し、4の肉の閉じ面を下にして、強火で表面に焼き色をつける。

6 5の肉は一度取り出して圧力鍋を洗い、再びラードを熱し、セロリ、リーキを加えて炒める。水2カップ、赤ワインとパセリの茎を加えて沸騰したら、5の肉とトマトペーストを加える。再び沸騰したら、アクをすくい、ふたをして第2リングまで上がったら、弱火にして約3分加圧する。

7 火を止め、圧力表示ピンが自然に下がったら、ふたを開けて、中火にして練り合わせたバターと小麦粉を加える。

8 とろみが出てきたら、塩、ピクルスの漬け汁で味をととのえる。

豚バラ肉と高菜の重ね蒸し

加圧 10分 ＋ 加圧 20分 スチーム

重ねた豚バラからしみ出る肉汁と高菜の旨みに
うっとり！の中華蒸し。

■ 材料（4人分）

豚バラかたまり肉…450g
水…1.2ℓ
A｜長ねぎ（青い部分）…1本分
　｜しょうがスライス…2枚
高菜漬け…150g
B｜にんにく…1片（みじん切り）
　｜しょうが…小さじ1（みじん切り）
　｜鷹の爪…½本（種を取りちぎる）
C｜※豚のスープ…100㎖
　｜しょう油…小さじ2
　｜煮切り酒（老酒）…大さじ2
　｜オイスターソース…大さじ½
しょうがスライス…2枚
長ねぎ（青い部分）…10cm
水…1カップ
サラダ油、揚げ油…各適量
片栗粉…小さじ2（同量の水で溶く）
しょう油…少々

◎ 作り方

1 鍋に豚バラ肉と水1.2ℓとAを入れて強火にかける。沸騰してアクが出てきたら、しっかり取り除き、ふたをする。第2リングまで上がったきたら、弱火にして約10分煮る。

2 高菜漬けは1cm幅に切る。

3 火を止め、圧力表示ピンが自然に下がったら、豚肉を取り出す。豚肉が熱いうちにしょう油（分量外）適量をまぶす。ゆで汁は、浮いた脂を取り除き、スープに使うのでとっておく。

4 揚げ油を入れ180度に熱して、3の豚肉の表面に色づくまで揚げる。バットに取り出して、1cm幅に切る。

5 サラダ油を弱火に熱し、Bを加えて炒め、香りが出てきたら中火にして、高菜を加えて炒める。

6 耐熱ボウル（直径16.5cm×高さ8cm）に豚肉を重ならないようにしてしき詰める。5の高菜をのせ、Cを合わせて注ぎ、しょうがと長ねぎをのせる（写真）。

7 圧力鍋に水1カップとスチーマーを入れて6をのせ、ふたをして強火にかける。第2リングまで上がったら、弱火にして約20分蒸し、火を止め、圧力表示ピンが下がるまで自然に冷ます。蒸し上がったら取り出して、小皿をのせて少しずらし、皿を押さえながらボウルを傾けて、蒸し汁を取り分ける。

8 小鍋に7の蒸し汁を注いで沸かし、水溶き片栗粉でとろみをつけてかける。

エビとホタテのシーフード・ガンボ

加圧 1分

シーフードのかわりに骨付き鶏、ソーセージ、
豚肉などで作ってもまた別の美味しさが楽しめるケイジャン料理。

■ 材料（4人分）

オクラ…3パック
トマト…2個
セロリ…2本
玉ねぎ…1個
にんにく…2片
青唐辛子…3本（ピーマン4個でも可）
バター…60g
エビ（無頭）…200g
ホタテ…4～8個（今回はボイルしたものを使用）
A｜サラダ油…大さじ5
　｜薄力粉…大さじ5
ケイジャン・スパイス（ガーリックパウダー…大さじ1、オニオンパウダー…大さじ1、白コショウ・黒コショウ…各小さじ2、カイエンヌペッパー…小さじ1½、タイム…小さじ2、オレガノ…小さじ½）
塩…少々
水…600mℓ

ごはん
オクラ
レモンを添えて

◎ 作り方

1 オクラは縦半分、トマトは1cm 角に切る。セロリ、玉ねぎ、にんにく、青唐辛子はみじん切りにする。エビは殻をむかず、背わただけ取る。

2 別途鍋を用意し、A を茶色く色づくまで、木べらで休まずにかき混ぜながら中火で炒める。

3 圧力鍋にバターを熱し、にんにくを加える。にんにくの香りが出てきたら、玉ねぎとセロリを加え、きつね色になるまで炒めて、ケイジャンスパイスと青唐辛子を加える。香りが出てきたら、トマトとオクラを加え、ふたをして強火にかける。第1リングまで上がったら、弱火にして1分加圧する。

4 火を止め、圧力表示ピンが自然に下がったら、ふたを開けて、水600mℓを加える。強火にかけ、沸騰したら、中火にして2を少しずつ好みのとろみが出るまで加える。エビとホタテも加え、約 10 分煮る。塩で味をととのえる。

豚肉のグラーシュ

加圧 5分

伝統的な家庭のシチューは、キャラウェイの香りで食欲アップ。
お好みで牛肉やソーセージを加えても。

■ 材料（4人分）

豚肩ロース肉…500g
塩、コショウ…各少々
玉ねぎ…1個
にんにく…2片
ザワークラウト（市販）…1カップ
バター…20g
乾燥パプリカ（粉末）…大さじ2
キャラウェイ…小さじ2
フレッシュマジョラム…1枝
小麦粉…大さじ2
水…600㎖
メープルシロップ…大さじ2
※ヨーグルト、生クリーム…各100㎖
フレッシュタイムを添えて

◎ 作り方

1 豚肉は2cm幅に切り、しっかり塩、コショウをする。玉ねぎは1cm角、にんにくはみじん切りする。ザワークラウトは水でさっと洗っておく。

2 圧力鍋にバターを入れて中火に熱し、バターが溶けてきたら、玉ねぎを炒める。玉ねぎが透明になってきたら、豚肉を加え、表面の色が変わるまで炒める。パプリカ、キャラウェイ、マジョラムを加えて、全体を混ぜ合わせる。小麦粉を加え、全体をからめる。

3 2に水600㎖を注ぎ、強火にして沸騰したら、アクをすくい、ふたをする。第2リングまで上がったら、弱火にして約5分煮る。

4 火を止め、圧力表示ピンが自然に下がったら、ふたを開けて中火にかける。ザワークラウト、メープルシロップ、にんにくを加え、アクを取りながら、約10分弱火で煮込み、塩で味をととのえる。

※酸味が欲しいときは、ヨーグルト、生クリームを同量加える。

鴨ロースのやわらか蒸し 梅ソース添え

加圧
5分
スチーム

難しい鴨の火入れも圧力鍋なら簡単。
肉をやわらかく仕上げ、余分な脂を吸収してくれる大根おろしにご注目。

■ 材料（4人分）

合鴨…約 260g
塩…3.9g（合鴨の 1.5%）
大根おろし…1カップ（ザルにあけ、ガーゼに包み流水でさっと洗い軽く絞る）
水…1 カップ
梅肉ソース（梅干し…1個〔種をとり包丁の背でたたく〕、煮切りみりん…小さじ1、砂糖…小さじ1、うす口しょう油…小さじ2）

木の芽
ラディッキオ
プチトマトを添えて

◎ 作り方

1 合鴨に塩をすり込む。梅肉ソースは混ぜ合わせる。

2 圧力鍋を強火で熱し、鴨の皮面をきつね色になるまで焼く。途中脂が出てくるので、ペーパーで吸いながら、返し身の方はさっと焼く。鴨は取り出して、圧力鍋を洗う。

3 耐熱容器に大根おろしと鴨の皮を下にしてのせ、全体を大根おろしで包む。

4 1カップの水にスチーマーをのせて、3 をのせる。ふたをして強火にかけて第2リングまで上がったら、弱火　にして約5分加圧する。火を止め、圧力表示ピンが自然に下がったら、鴨を取り出し、大根を取り除く。皮面を上にして、アルミ箔で包み自然に冷ます（ゆっくりと冷ますことで中まで火を通す）。

5 鴨をスライスして梅肉ソースを添える。

アイスバイン

加圧 20分

下ごしらえさえしておけば、作り方はいたってシンプル&
できあがりはゴージャスな骨付き豚肉の豪快料理。

■ 材料（4人分）

骨付き豚すね肉…約750g
ソミュール液（水…1ℓ、塩…50g、砂糖…大さじ1、粒コショウ…3粒、ローリエ…1枚、ナツメグ…小さじ1、クローブ…6粒、ジュニパーベリー…6粒）

A
- セロリ…1本
- にんじん…1本
- 玉ねぎ…1個
- にんにく…1片
- 白ワイン…½カップ
- ローリエ…1枚

水……1.2ℓ

ザワークラウト
ワイルドライスを添えて

◎ 作り方

1 肉は1～2時間たっぷりの水に浸けて血抜きをする。

2 保存用の袋に水気を切った1の肉とソミュール液を入れて冷蔵庫で4～5日おく（写真）。

3 肉をさっと洗い、圧力鍋に入れる。Aと水1.2ℓを加え、ふたをして強火にかける。第2リングまで上がったら、弱火にして約20分加圧する。火を止め、圧力表示ピンが下がるまで、自然に冷ます。

Information

圧力鍋の取扱い方法etc

素材別早見表

食品名・分量	水分量 （調味料の分量も含む）	加圧時間	圧力を 下げる方法	備考
たけのこ2本（800 g）	1000mℓ	1分	自然減圧	米のとぎ汁を使う
大根 16cm（450 g）	600mℓ	5分	自然減圧	長さを４等分する
キャベツ８枚（800 g）	100mℓ（蒸す）	0分	自然減圧	圧力がかかり始めたら すぐに火を止める タイマーはセットしない
玉ねぎ４個（800 g）	600mℓ	3分	自然減圧	
ごぼう２本（400g）	660mℓ	3分	自然減圧	大きめに切る
かぶ小８個（160g）	300mℓ（蒸す）	3分	自然減圧	
さつまいも１本（200g）	100mℓ（蒸す）	2分	自然減圧	1cm 幅に切る
とうもろこし１本	250mℓ	第2リングが見えたら、 火を止める	自然減圧	タイマ　はセットせず、 表示は 00 のまま
豚ロースかたまり肉 1kg	300mℓ（蒸す）	40分	自然減圧	3等分する
鶏もも骨つき肉４本	250mℓ（蒸す）	5分	自然減圧	
豚スペアリブ 600 g	250mℓ（蒸す）	10分	自然減圧	
牛テール 800g	1000mℓ	30分	自然減圧	
牛すじ肉 400g	1000mℓ	30分	自然減圧	小さめのひと口大に切る

■ 加圧時間は熱源や材料の種類・性質・水分量により、多少異なることがございます。あくまでも目安としてご活用ください。
■ 材料の分量が違っても、大きさが表の条件と同じなら、調理時間はほぼ同じです。
■ 圧力鍋に入れられる材料の分量は鍋の深さの⅔まで、ただし、加熱でかさが増える豆類・乾物などは⅓までです。
■ 加圧時間はタイマーをセットして正確にはかってください。

※基本的に加圧レベルは第2リングに設定したときの数値です。

食品名・分量	水分量 （調味料の分量も含む）	加圧時間	圧力を 下げる方法	備考
さんま3尾	360㎖	15 分	自然減圧	1 尾を 4 等分する
いわし 4 尾	360㎖	20 分	自然減圧	1 尾を 2 ～ 3 等分する
黒豆 1.5 カップ（210 g）	800㎖	20 分	自然減圧	調味液に 6 ～ 7 時間 つける
レンズ豆1カップ（160g）	200㎖	3 分	自然減圧	
金時豆1カップ（160g）	600㎖	2 分	自然減圧	水に一晩つける、 または P19 参照
白花豆1カップ（140g）	600㎖	3 分	自然減圧	水に一晩つける、 または P19 参照
ひよこ豆1カップ（150g）	600㎖	3 分	自然減圧	水に一晩つける、 または P19 参照
あずき豆1カップ（160g）	900㎖	13 分	自然減圧	
卵 4 個	200㎖	2 分	自然減圧	卵は常温に戻しておく
白米 2 合	300㎖	1 分	自然減圧	
玄米 2 合	390 ～ 540㎖	15 ～ 30 分	自然減圧	
白米（お粥） 1 合	1000㎖	10 分	自然減圧	
雑穀米 2 合	360㎖	4 分	自然減圧	米 1 合と雑穀ミックス 1 合を合わせる
パスタ 100g （通常 7 分ゆでるもの）	1000㎖	1 分	急速減圧	水の分量に対して 1％の 塩を加える

WMF 圧力鍋　各部の名称

パーフェクトウルトラ　Perfect Ultra

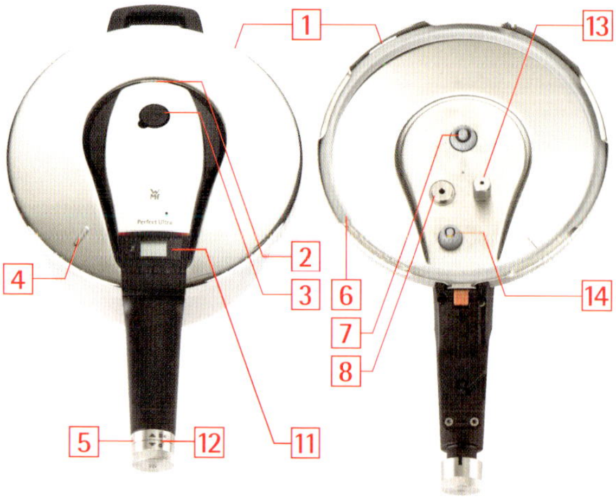

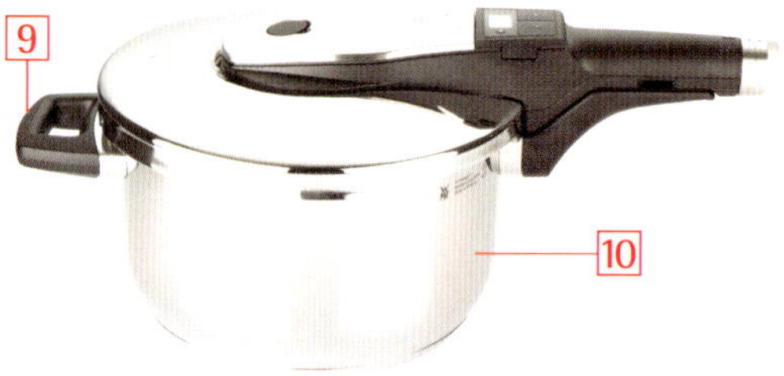

パーフェクトプラス　PERFECT PLUS

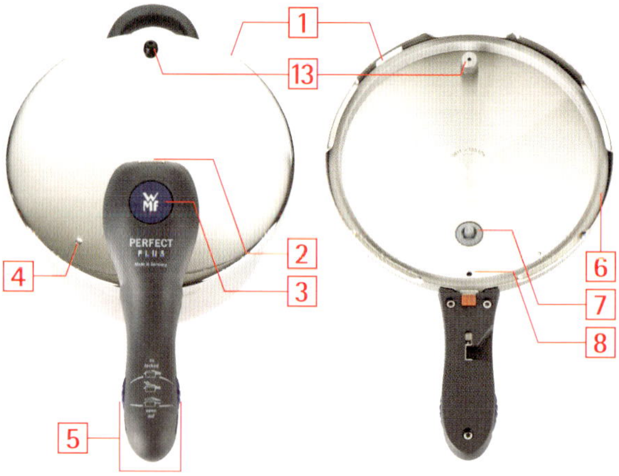

1 安全スリット

圧力（蒸気）放出口が動かなくなった時に、鍋の内部の圧力が自動的に安全スリットから放出され、圧力が調整されます。

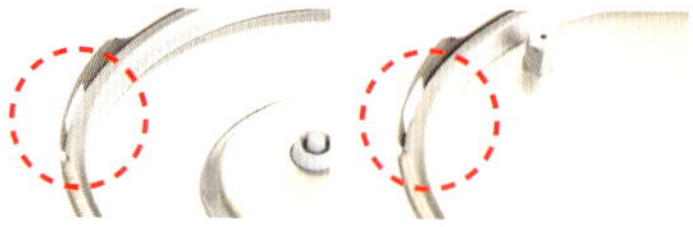

パーフェクトウルトラ　パーフェクトプラス

2 圧力（蒸気）放出口

鍋の中の圧力を調節する際、余分な圧力が蒸気とともに放出されます。

3 圧力表示ピン

パーフェクトウルトラ　パーフェクトプラス
※圧力がかかっている状態です。

4 ふた開閉マーク

5 開閉レバー

6 ゴムパッキン

ふたの内側についているゴムで、ふたと本体を密着させ、安全に密閉します。取り外しできます。

7 圧力表示ピン用ゴムカバー

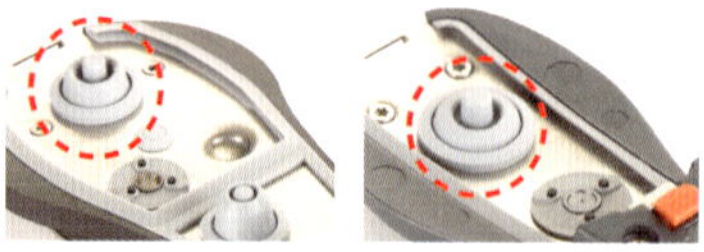

パーフェクトウルトラ　パーフェクトプラス
※ふたから取っ手をはずした状態です。

8 メインバルブ

圧力が常に一定に保たれるよう、圧力を調整するためのバルブです。
ゴムカバーがついています。
※このゴムカバーははずせません。

パーフェクトウルトラ　パーフェクトプラス
※ふたから取っ手をはずした状態です。

9 補助取っ手

10 圧力鍋本体

丈夫でさびにくい*Cromargan®（クロマーガン）を使用しています。鍋底はステンレス・アルミ・ステンレスの三層構造になっており、鍋底からの熱の伝わりが早く、効率よく調理できます。

11 クッキングタイマー

（パーフェクトウルトラのみ）

12 クッキングダイヤル

（パーフェクトウルトラのみ）

13 安全バルブ

（2012年より、日本専用仕様に変更されています）

空気を自動的に排出する装置。加熱後、安全バルブから蒸気または水滴が出て、内部の余分な空気を排出し、内圧で鍋が密封されます。圧力が高くなりすぎた場合、ここから自動的に圧力（蒸気）が排出され、安全弁としての機能をはたします。
※中にステンレスのおもりが入っています。

14 圧力センサー用ゴムカバー

（パーフェクトウルトラのみ）

*Cromargan®（クロマーガン）…WMFが1927年から使用している高品質18-10ステンレススティール素材。
登録商標である「Cromargan®」は、この素材に含まれるクロムの含有量が多いことから「Crom」、また銀のような輝きを持つことから「Argan」の言葉を用いて作った造語です。

付属品

Perfect Ultra　PERFECT PLUS

スチーマー

蒸しものに使用します。
豆を煮る時は、このスチーマーを裏返して落としぶたとしてのせ、圧力（蒸気）放出口などに豆のカスが出るのを防ぎます。

三脚

スチーマーを使う時の浮かせ台になります。
スチーマーに材料をのせた時、高さがあってふたが閉まらない場合は、三脚を使わずスチーマーを直接入れます。
※パーフェクトウルトラ3.0ℓ、パーフェクトプラス2.5ℓ・3.0ℓには付属していません。

ふたの開閉方法

パーフェクトウルトラ　Perfect Ultra

ふたを開く時は、クッキングダイヤルを◆の位置に合わせ、ダイヤルを指でつまんで手前に引きます。

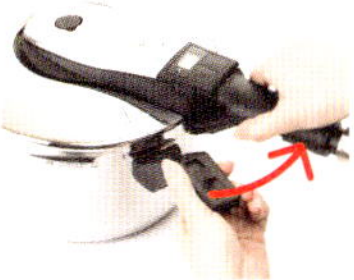

ふたの取っ手を右へスライドさせると、ふたを開けることができます。反対に左へ戻すと閉じることができます。

閉じた後、引いたダイヤルを◆の位置に合わせ押し込むと元の位置に戻ります。押し込めない場合は、上下の取っ手をきっちりと合わせてください。

パーフェクトプラス　PERFECT PLUS

ふたを開く時は片手で取っ手の下を支え、もう片方の手で開閉レバーをカチッというまで手前に引きます。

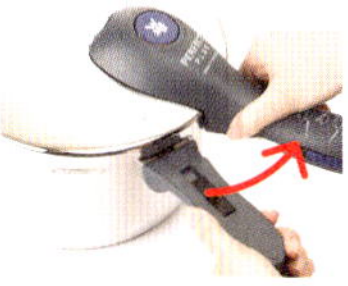

ふたの取っ手を右へスライドさせるとフタを開けることができます。反対に左へ戻すと閉じることができます。

閉じた後、引いた開閉レバーを奥に押しロックしてください。

Check Point

ふたを開閉する際の目印。
ふた側にある目印と本体の取っ手の付け根中央にある目印を合わせます。

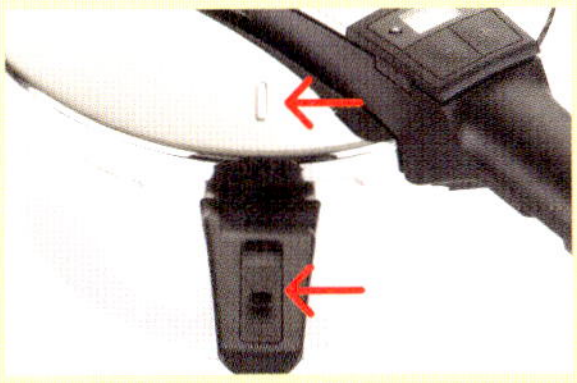

パーフェクトウルトラ

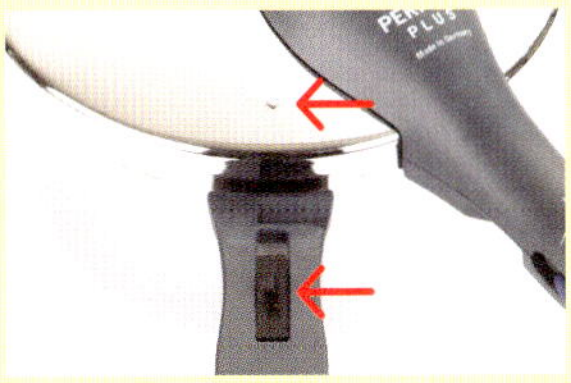

パーフェクトプラス

取っ手の着脱方法

共通　Perfect Ultra　PERFECT PLUS

はずす時

ふた裏の取っ手の付け根にあるオレンジ色のスライドを→に引くとはずれます。
※取っ手はふた側のフックに引っかけてありますので、ひねったり無理に外さないでください。

パーフェクトウルトラ

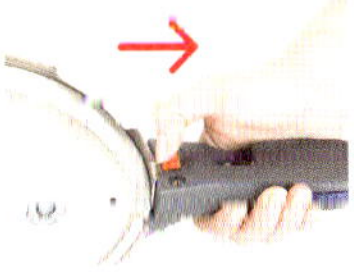

パーフェクトプラス

つけ方

取っ手をふたに引っかけ、そのままカチッと音がするまで押し下げてください。圧力表示ピン用ゴムカバーのふたの穴に確実に合わせてください。またオレンジ色のスライドがしっかりセットされているか確認してください。
※バルブのゴムを傷つけないようご注意ください。

パーフェクトウルトラ

パーフェクトプラス

圧力表示ピンの見方

パーフェクトウルトラ　Perfect Ultra

クッキングダイヤル「1」の設定

凹みの部分から第1リングが見えた付近で、タイマーのアラームが鳴りカウントダウンの状態

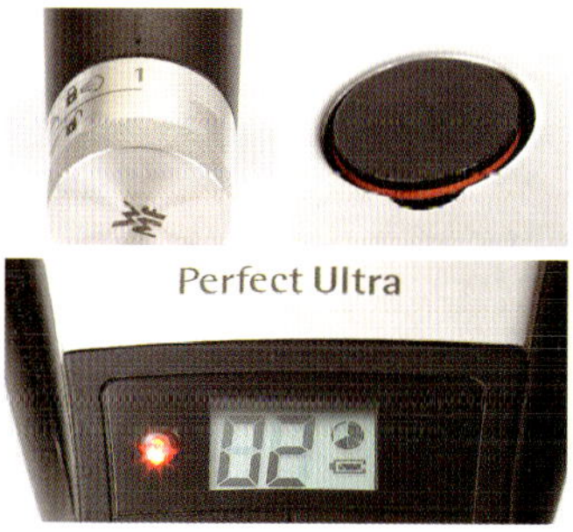

クッキングダイヤル「2」の設定

凹みの部分から第2リングが見えた付近で、タイマーのアラームが鳴りカウントダウンの状態

第2リング部分が見えた状態

すぐに火を止め、リング位置が適正な場所に下がるまでお待ちください。

パーフェクトプラス　PERFECT PLUS

黄色のリングが見えた状態

ごく弱い圧力がかかっている状態（本書では使用しません）

オレンジ色の第1リングが見えた状態

やや弱い圧力がかかっている状態

オレンジ色の第2リングが見えた状態

本書でもっともよく使われる適度な圧力がかかっている状態

リング下の青い部分が見えた状態

すぐに火を止め、リング位置が適正な場所に下がるまでお待ちください。

タイマーの着脱・電池交換（パーフェクトウルトラ）

パーフェクトウルトラ　Perfect Ultra

着脱

- タイマー部分を両脇からつまんで押さえながらはずします。

※使い始めは、かたい場合もございます。

- 取り付けは、所定の位置にはめ込み、かるく押しつけます。

タイマー着脱

電池交換

電池交換

- コイン・市販の電池 1 個（コイン型リチウム電池 CR2450）を用意します。
- 電池ふたの中央の溝にコインをかませ、押しつけながら反時計方向に回して電池ふたをはずします。

※溝が壊れないよう、コインはしっかりと溝にかませて押しつけながらゆっくり回してください。
※コインは 500円硬貨をご使用ください。厚みの少ないコインを使用すると溝が壊れる場合があります。

- 古い電池をとりだして、新しい電池の「＋」を上向きにしていれます。
- 電池ふたをセットして、コインで溝に押しつけながら時計方向にまわし、ハンドルにセットします。

※45°以上はまわりません。

圧力鍋の使い方

基本の使い方はごく簡単。覚えてしまえば、手早く簡単においしい料理がつくれます。
短時間で調理するため、加熱時間も短くて省エネ。さらに素材の栄養とうまみを逃がさず美味しく調理ができます。

初めてお使いになる前に

はじめに本体・各部品をよく洗ってください。（パーフェクトウルトラは、必ずタイマーをはずしてください。）

共通

Perfect Ultra　PERFECT PLUS

本体、ふた、取っ手、ゴムパッキンなどとスチーマー・三脚（パーフェクトウルトラ3.0ℓ、パーフェクトプラス2.5ℓ・3.0ℓにはついていません。）をはずしてよく洗います。
完全に自然乾燥させてから、元通りに組み立ててください。

・取っ手の水洗いの際、メインバルブ、圧力表示ピン用ゴムカバー、圧力センサー用ゴムカバー（パーフェクトウルトラ）は絶対にはずさないでください。また浸け置き洗いは絶対にしないでください。
・食器洗浄機では絶対に洗わないでください。

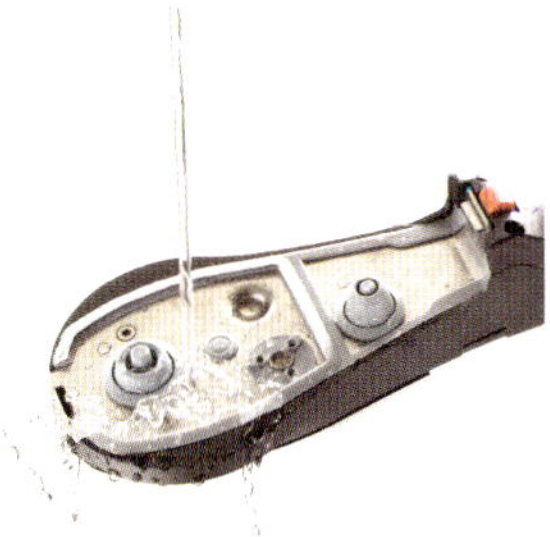
パーフェクトウルトラ

パーフェクトプラス

洗い方

■ 本体・ふた・スチーマー・三脚
酢2～3滴と中性洗剤で製造時の油分を落とすため、よく洗います。

■ 取っ手・ゴムパッキン・ゴムカバー
中性洗剤を薄めたぬるま湯でよく洗ってください。
圧力表示ピン用ゴムカバーは、交換の時以外はずさないでください。

パーフェクトウルトラ

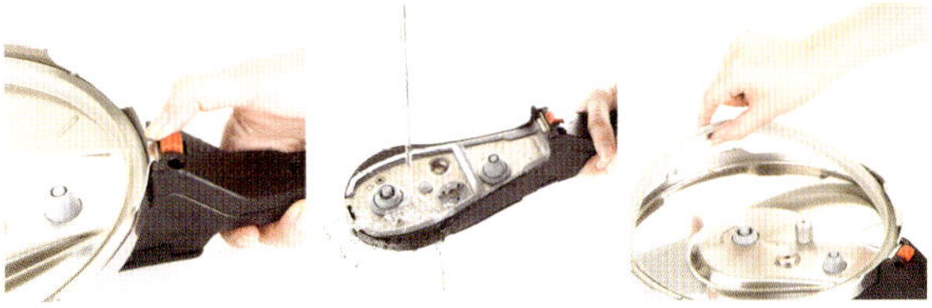

パーフェクトプラス

調理前のチェック

共通

Perfect Ultra　PERFECT PLUS

おもりは見えていますか？
安全バルブ の中のステンレスボールが動くか確認してください。※取りはずせません。

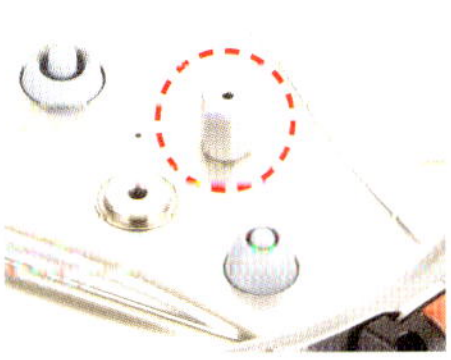
パーフェクトウルトラ

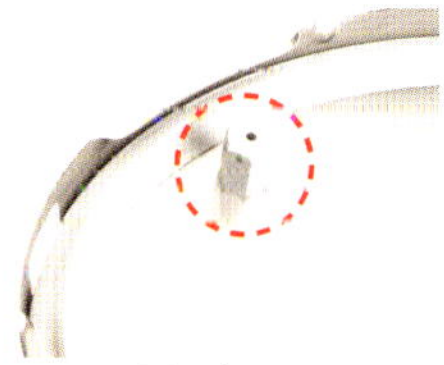
パーフェクトプラス

【旧 安全バルブ部品】自動調理スタートバル（2011年まで）
 パーフェクトウルトラ　 パーフェクトプラス

ゴムパッキン
きちんとふたの内側に納まっているか、汚れが付着していないか確かめます。
※変色・ひび割れなど、傷みが見つかった場合はご使用を止め、新しい正規パーツにお取替えください。

圧力（蒸気）放出口
ふたや取っ手をはずし、目詰まりや汚れがないかを確かめます。

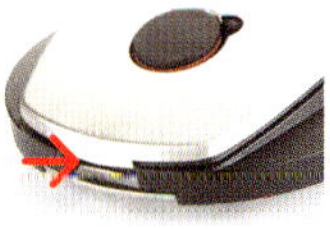
パーフェクトウルトラ

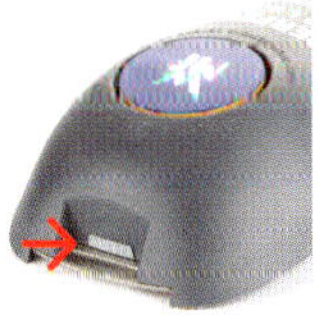
パーフェクトプラス

調理をはじめます

食材を入れます。
鍋のから炊きは避け、容量を守りましょう。
材料は煮汁を含めて、鍋の深さの⅔まで。
豆類など加熱で量が増えるもの、カレー・シチュー・お粥など
加熱時に泡立つものは、煮汁を含めて⅓まで。
※本書レシピではパーフェクトウルトラ4.5ℓサイズの鍋を使用
しています。

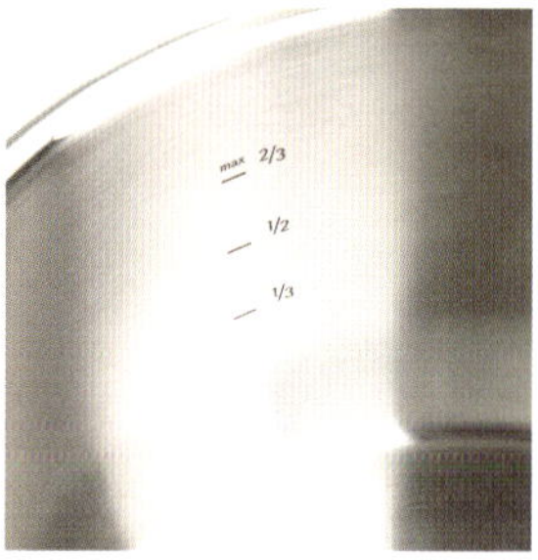

ふたを閉めます

共通　Perfect Ultra　PERFECT PLUS

ふたをしただけでロックせずに火にかけても圧力はかかりません。蒸気が漏れてふきこぼれの原因になります。
また、本体とふたが正しくセットされていないときには、危険防止のためロックはかかりません。
※P107 ふたの開閉方法をご覧ください。

パーフェクトウルトラ　Perfect Ultra

上下の取っ手がしっかりとかみ合うようにふたをします。
ふたをしたらクッキングダイヤルを⬍マークに合わせ、
ダイヤルを押し込むとロックされます。

パーフェクトプラス　PERFECT PLUS

上下の取っ手がしっかりとかみ合うようにふたをします。
ふたをしたら開閉レバーを「open」から「locked」へ
スライドさせます。
ロックがかからない場合は無理にレバーを動かさず、ふた
をセットしなおしてください。

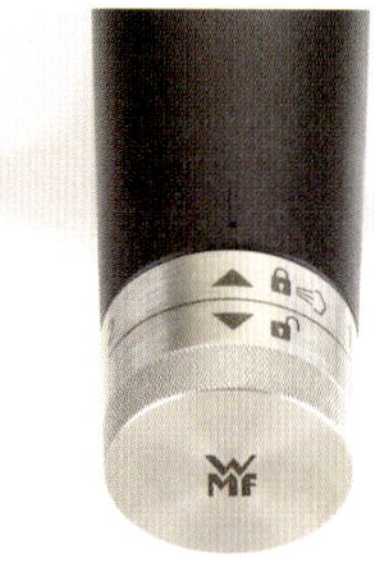

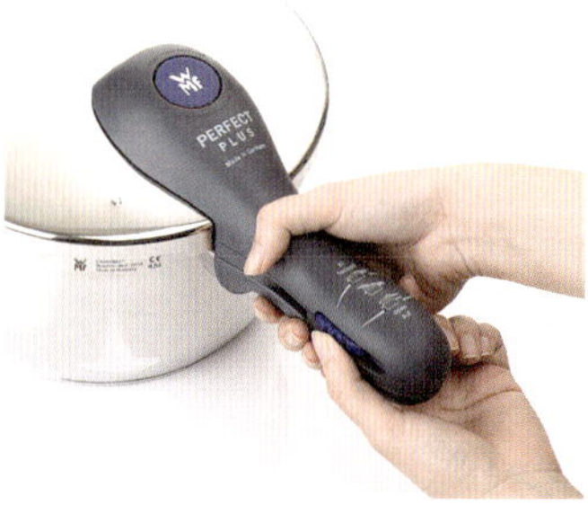

火にかけ加圧します

パーフェクトウルトラ

Perfect Ultra

・クッキンクタイヤルで圧力の強さ（1または2）をえらんでセットします。

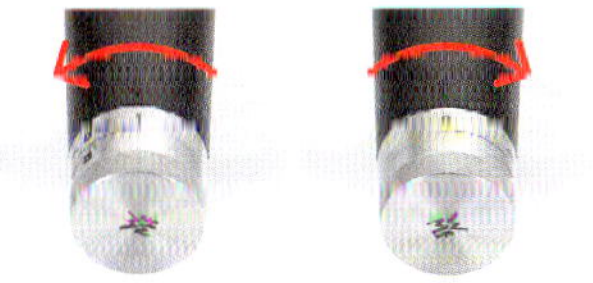

・タイマーのスイッチを入れます。
「+」を3秒程度押し、はなすとスイッチが入ります。

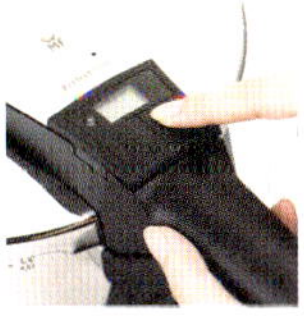

・タイマーを使って加圧時間をセットします。
「+」「−」で時間増減を調節できます。

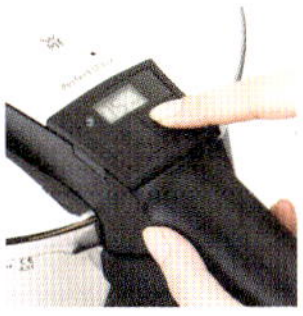

・火にかけてしばらくすると赤ランプが点灯し加圧がはじまります。

・圧力がセットした値（1または2）に達するとアラームが3回鳴るので弱火にして加熱温度を下げます。時計マークの点滅がはじまりタイマーが開始します。

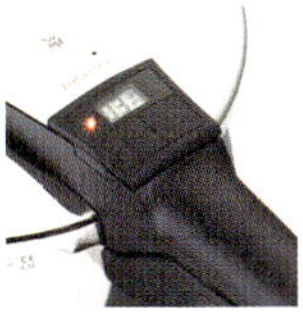

※この時、圧力表示のピンは、リングが設定された位置（1本または2本）に見えている状態になっていることを確認してください。（P108圧力表示ピンの見方参照）

・設定された圧力（1または2）で、加圧をはじめています。

・タイマーが「0」になったら5回アラームが鳴りますので、火を止めてください。
ブザーを止めたい時は、「+」または「−」を1度押します。

※一番下の黒いリング見えたら火が強すぎる証拠です。弱火にしてもリングが下がらない場合はいったん火を止め、リング位置が適正な場所に下がるまでお待ちください。

※タイマーのリセットは、「+」「−」を同時に長押しします。

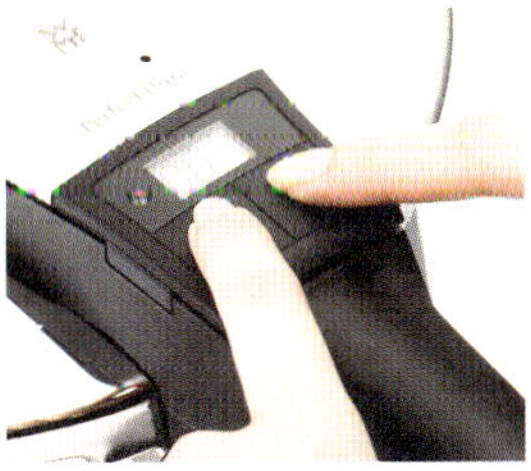

パーフェクトプラス

PERFECT PLUS

・火にかけると沸騰し、安全バルブから蒸気が出はじめます。

・安全バルブからの蒸気の放出がやんだ後、圧力表示ピンが徐々に上がりはじめます。

・各レシピに設定されたリングが見えたら、すぐに弱火にしリングの位置を保ちます。

・ここから加圧時間をはかります。

・所定の時間になったら火を止めます。
※一番下の青色が見えたら火が強すぎる証拠です。弱火にしてもリングが下がらない場合はいったん火を止め、リング位置が適正な場所に下がるまでお待ちください。

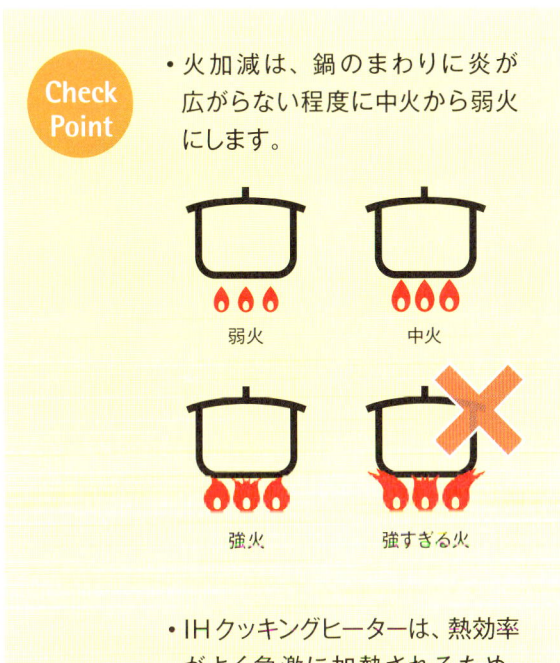

Check Point

・火加減は、鍋のまわりに炎が広がらない程度に中火から弱火にします。

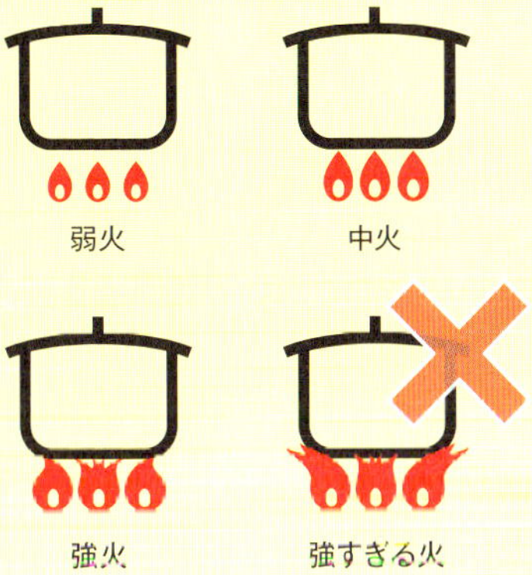

・IHクッキングヒーターは、熱効率がよく急激に加熱されるため、直火よりも沸騰までの時間が短い場合があります。火加減は各社で異なりますのでご注意ください。

減圧します

共通

Perfect Ultra　PERFECT PLUS

自然減圧

火を止めた後、圧力表示ピンが下がるまでそのままにし、ゆっくり圧力を下げる方法です。ピンが完全に下がるのを待ってふたを開けてください。余熱調理をすることもできます。

※パーフェクトウルトラは後述の説明を合わせてご確認ください。

急速減圧

この方法は、豆類などのかさが増える料理や、お粥などの沸騰すると泡立つ料理には行わないでください。急激に放出される蒸気でヤケドなどしないよう十分ご注意ください。

※パーフェクトウルトラ・パーフェクトプラスともに後述の説明を合わせてご確認ください。

水冷減圧

余熱を利用せず、はやく圧力を下げたいときの冷却方法です。

火を止めた後、鍋を静かに水道の蛇口の下へ移動します。（鍋をゆすったり、ふったりしないでください。）

上から静かに流水をかけて冷まします。その際ハンドルやタイマーに水をかけないようにしてください。また、鍋本体を直接水の中に入れないでください。

この方法は、豆類などのかさが増える料理や、お粥などの沸騰すると泡立つ料理には行わないでください。

パーフェクトウルトラ

Perfect Ultra

自然減圧

・圧力が完全に下がり、緑のランプが点滅し、消灯したらふたを開けられます。

急速減圧

・しぼった濡れ布巾で圧力（蒸気）放出口を覆うようにかぶせてください。

・クッキングダイヤルを♦マークにあわせます。

＊…この画像はイメージです。わかりやすくするため布巾をかぶせていません。

＊

・圧力（蒸気）放出口から内部の蒸気が放出され、圧力が急激に下がります。

鍋内の圧力が完全に下がりタイマーのランプが緑色に点滅し、消灯したらふたを開けてください。

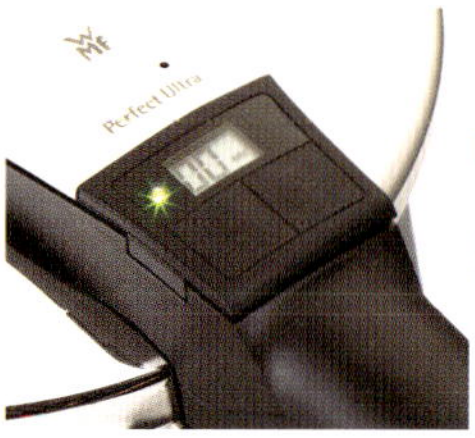

＊

※クッキングダイヤルを手前に引くと、さらに急速に減圧できます。

急速減圧

・しぼった濡れ布巾をふたの上に置き、開閉レバーをゆっくり手前に引き「open」に合わせます。鍋の中の圧力（蒸気）が勢いよく出て、圧力表示ピンが黄色いリングを残して一度止まりますが、レバーを「locked」へ押し、再び引くとピンは完全に下がって蒸気が抜けるので、ふたを開けます。

*…この画像はイメージです。わかりやすくするため布巾をかぶせていません。

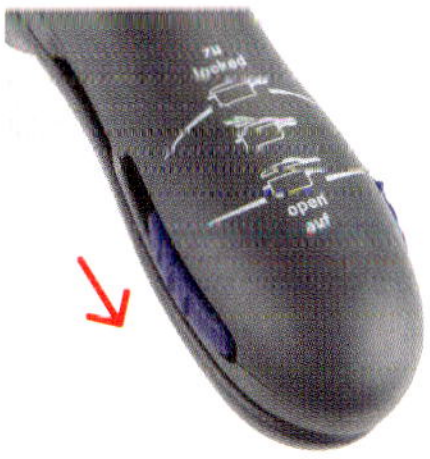
open

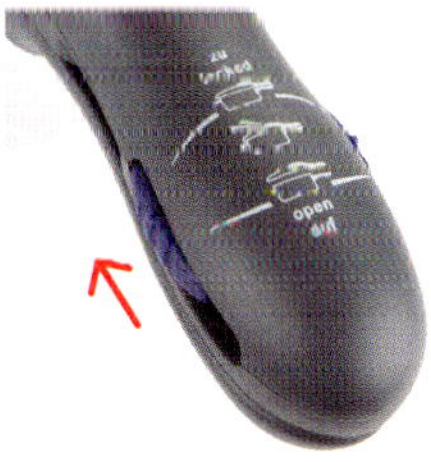
locked

*

Check Point

ふたが開かないのは、圧力が抜けていない証拠ですので再度圧力表示ピンの位置を確認し、上記方法に従って開けてください。圧力のかかっている状態（圧力表示ピンが上がっている状態）では、大変危険ですので絶対に無理にふたを開けないでください。

調理後

目詰まりや汚れを残さないよう、使用後はきちんと洗浄してください。
特にふたや取っ手・ゴムパッキンなどをはずし、きれいに洗浄してください。
※ゴムパッキンや取っ手は、食器洗浄機には入れないでください。

パーフェクトウルトラ

※必ずタイマーをはずしてください。

パーフェクトプラス

Check Point

ゴムパッキン以外のゴム部品の取扱いについてのご注意

①メインバルブのゴム部品は、絶対に外さないでください。
②圧力表示ピン用ゴムカバーを外した状態で、ハンドルの洗浄はしないでください。圧力表示ピン用ゴムカバーは、取り外すことが出来ますが、先端をつまんだりすると破れたりするなど、破損することがありますので、ご注意ください。
パーフェクトウルトラは、圧力センサー用ゴムカバーも同様にご注意ください。

調理の前に…注意事項

使用前の点検

圧力鍋で調理を始める前に、必ずP109「調理前のチェック」の項目をご参照いただき、不備がないかご確認ください。

からだきに注意

圧力鍋に何も入れずにふたをして火にかけるのは危険ですのでおやめください。
鍋の内容量も調理に適した分量を守ってください。最大量は、材料と煮汁の量を合わせて鍋の⅔の深さまでです。その量を超えると、圧力放出口や安全バルブの目詰まり、吹きこぼれの原因となります。豆類など加熱で量が増えるもの、お粥など加熱時に泡立つものは、鍋の½の量にします。

水分量を守る

からだきにならないよう、レシピ通りの水分量で調理してください。水分量を減らすと蒸気が全て放出されて、からだきになる場合があります。蒸し物は10分の加圧に対し、250mlの水が必要となります。加圧時間を延長する場合は、一度ふたが開けられる状態にし、鍋の中の水分の残量をご確認ください。

必ずタイマーを使う

圧力鍋は高温・高圧調理のため、少し調理時間が長くなるだけでも煮崩れするなど、状態が大きく変わります。調理時間は正確にはかりましょう。タイマーは圧力鍋を火にかける前にセットし、圧力がかかったらスタートします。タイマーが鳴ったらすぐに火を止めます。

重曹、多量の油や砂糖は使わない

圧力鍋は、重曹など急激に泡の出るものや、多量の油や砂糖を使うと圧力が高くなりすぎる危険があるので使用はお控えください。

蒸し物にはスチーマーを使う

蒸し物は圧力鍋に水を入れ、三脚をすえた上にスチーマーを置きます。材料のかさが高く、ふたが閉まらない時は三脚を使用せず、スチーマーを直接入れてください。
※パーフェクトウルトラ3.0ℓ、パーフェクトプラス2.5ℓ・3.0ℓには三脚は付いておりません。

ルーなどのとろみのつく材料は加圧後に加える

煮汁にとろみがつくと圧力の放出口をふさいでしまう危険性があるため、カレーやシチューのルーなどは加圧後に加えてください。片栗粉でとろみをつけた場合も同様です。とろみを加えた後は加圧しないでください。

加圧のレベル、火加減、時間を正確に

第 1、第 2 リングの設定、火加減や加圧時間などはレシピ通りに調理を行ってください。加圧中は鍋から離れず、加圧時間および火加減を守ってください。

加熱中は手を触れない

火にかけた状態でふたを開けたり、加熱中に鍋に水をかけたりしないでください。また、鍋を揺らすなど、衝撃を与えないでください。第 1 リングが上がっている状態では内部の温度は 110℃、第 2 リングの場合は 119℃になっています。

豆を煮る時はスチーマーをかぶせる

豆を煮ている間に出てくる泡や、豆がやわらかくなってはがれた皮などが、圧力の放出口をふさぐことがあるため、豆を加圧する時はスチーマーなどを落としぶたのようにかぶせて調理を行ってください。※放出口がふさがると、圧力調節ができず危険です。

蒸気を完全に抜いてからふたを開ける

WMF圧力鍋は安全性を考慮し、鍋の中の圧力（蒸気）が完全に抜けてからでないと、ふたが開かない構造になっています。圧力鍋は蒸気を閉じ込め、高温高圧で調理しますので、必ず完全に蒸気を抜いてからふたを開けてください。

何か異常を感じたら

ゴムパッキンの変色、ゴムカバーのひび割れ、または鍋ふたや本体のゆがみなど、傷みや損傷などが見つかった場合は使用をおやめください。交換可能な部品については正規品に交換してください。またご使用方法に記載された通りの動作にならない場合も一旦ご使用をおやめいただき、下記ヴェーエムエフ ジャパン コンシューマーグッズ（株）お客様窓口までご連絡ください。

ヴェーエムエフ ジャパン コンシューマーグッズ（株）お客様窓口

☎03-3847-6862

困った時に…よくあるご質問

⚠ おかしいな、と思ったらすぐに火を止めてください。無理にふたを開けるのは危険ですのでおやめ下さい。

Q1 火加減がわからない

圧力がかかるまで → 基本的に中火

鍋の側面に火がまわらない程度にしてください。強火にすると、取っ手や補助取っ手を損なう場合があります。

加圧中 → 弱火

設定した圧力レベルから上がりすぎないように（下がりすぎないように）ご注意ください。

Q2 圧力表示ピンが途中から下がらない

20分たっても圧力表示ピンが下がらない場合は、

パーフェクトウルトラ：ハンドルのダイヤルを◆に合わせ、急速に圧力を下げてください。それでも圧力表示ピンが下がらない場合は、圧力表示ピンを下に押し下げてください。

パーフェクトプラス：開閉レバーを前後に数回動かしてください。開閉スライドを動かしても圧力表示ピンが下がらない場合は、圧力表示ピンを下に押し下げてください。

Q3 加熱しても圧力表示ピンが上がらない

1. 火力は弱すぎないか確認を

圧力がかかるまでは中火、加圧中は弱火にしますが、熱源によって差があるためご自身の設備にあった火加減で調節してください。

2. ふたがきちんと閉まっているか確認を

本体とふたがきちんとかみ合っているか、ふたのパッキンに隙間ができてないかご確認ください。

3. おもりが見えているか確認を

安全バルブの中がつまっていないかご確認ください。つまっている場合は針などの細いものでつまりを取り除いてください。

4. 水や煮汁が少なすぎないか確認を

指定の水分量を守ってますか？少ない水分で調理する際は、圧力表示ピンが上がるまで鍋のそばを離れず、加圧時間を守ってください。

5. ゴムパッキンが硬化していないか確認を

長時間使用すると、ゴムパッキンは弾力がなくなり密閉力が弱くなります。ひび割れなどがないかご確認ください。年 1 回程度の交換をおすすめします。ご利用頻度が多い場合は半年に1回の交換を目安としてください。

6. 圧力表示ピン用のパッキンが劣化していないか確認を

圧力表示ピンのまわりや取っ手付近から蒸気や水滴が多く出る場合は、圧力表示ピン用パッキンの劣化が考えられます。

パーフェクトウルトラ：クッキングダイヤルは1または2に設定されているか確認を。設定がない場合は、圧力表示ピンは上がりません。

パーフェクトプラス：開閉レバーが「locked」になっているか確認を。「open」になっている場合は、圧力表示ピンが上がりません。

Q4 ふたの縁から蒸気が出る

1. ゴムパッキンとふたの縁に汚れがないか確認を

汚れている場合は隙間ができ、蒸気もれの原因となる場合があります。

2. ふたのゴムパッキンがはずれていないか確認を

一か所でもはずれていると密閉できず、蒸気もれの原因となります。

3. ゴムパッキンが硬化していないか確認を

長時間使用すると、ゴムパッキンは弾力がなくなり密閉力が弱くなります。ひび割れなどがないかご確認ください。年 1 回程度の交換をおすすめします。ご利用頻度が多い場合は半年に 1 回の交換を目安としてください。

Q5 安全バルブから激しく蒸気が吹き出る

圧力がかかり過ぎて安全機能が働き、蒸気を逃がしている状態です。下記手順にてご対応ください。

1. 鍋を火からおろして蒸気が出なくなるまで待ってください。

2. ふたとふたの取っ手をきれいにしてください。

3. 安全バルブの中に料理の汚れなどが残っていないか確認してください。

※白米、玄米、豆類などの調理後は、安全バルブ・ゴムパッキンに粘着物が付着する場合がありますので、ご使用後はきれいに洗浄してください。

Q6 圧力放出口から激しく吹きこぼれる

圧力鍋に入れた材料が多すぎないかご確認ください。最大量は、材料と煮汁の量を合わせて鍋の⅔の深さまでです。その量を超えると、圧力放出口や安全バルブの目詰まり、吹きこぼれの原因となります。豆類など加熱で量が増えるもの、お粥など加熱時に泡立つものは、鍋の⅓以下での量にします。

Q7 圧力表示ピンから蒸気や水滴が多く出る

ふたの取っ手の裏側にある圧力表示ピン用ゴムカバーを交換してください。

Q8 火にかけている間に異音がする

圧力が高くなり過ぎている可能性があります。すぐに火を止め、圧力表示ピンを調理方法で指示されているリング位置まで下げた後、再び弱火にかけます。その間も中の調理は続いているので、タイマーはそのままにしてください。

Q9 からだきをしてしまった

水分がなくなったまま火にかけてしまった場合は火をすぐに止め、鍋が完全に冷えるまでそのままにしてください。底のはがれや鍋の傷みの原因となりますので、水をかけたり、水につけたりしないようにしてください。

Q10 白米が灰色に炊き上がった

圧力鍋で白米を炊くと、灰色がかって見えることがあります。これはお米のでんぷん質が急速にアルファ化するためで、圧力鍋の特徴の 1 つです。第 1 リングが見えたところで弱火で 5 分の加熱にすると変色の防止になります。

※アルファ化するともちもちした粘りと甘味が増し、より美味しくなります。

Q11 ふたが開閉しにくい

ゴムパッキンを洗い、油分を完全に取り去るとすべりが悪くなり、ふたが開閉しにくくなる場合があります。あまりに開閉しにくい場合は、ゴムパッキンに食用油を薄く塗ってすべりをよくしてください。

Q12 圧力鍋のサイズや材料の分量に対する調理時間がわからない

圧力鍋のサイズや材料の総量によって時間を変える必要はありませんが、鍋に入れる素材の大きさや切り方によって調整をする必要があります。

Q13 IH クッキングヒーター使用の際の火加減がわからない

IH クッキングヒーターは熱効率がよく急激に加熱されるため、直火よりも沸騰までの時間が短い場合があります。火加減は各社で異なりますので、お使いのメーカーにお問合せください。

タカハシユキ

フードコーディネーター。
和洋中のジャンルにしばられない、新しい発想で生み出すレシピは、男女問わず人気が高い。
著書に『キレイを作る、フルーツ酒＆フルーツ酢』（学研）、『エブリディ サンドイッチ』（河出書房新社）、『免疫力をアップする、塩麹のおかず』（レタスクラブ MOOK）他多数。

「このレシピブックをきっかけに楽しい圧力鍋生活をはじめましょう！」

■ 本書の内容およびWMFの圧力鍋についてのお問い合わせ

ヴェーエムエフ ジャパン コンシューマーグッズ株式会社
電話 03-3847-6862（平日10：00～12：00／13：00～17：00）

※本書は、ヴェーエムエフ　ジャパン　コンシューマーグッズ（株）より2012年4月1日から販売されたWMF「パーフェクトウルトラ」「パーフェクトプラス」製品に同梱した『WMF 圧力鍋レシピブック』をもとに改訂・制作されました。

かんたん・はやい・おいしい世界《せかい》の料理《りょうり》

W《ヴェー》M《エム》F《エフ》圧力鍋《あつりょくなべ》レシピブック

2012年11月25日　発　行　　NDC596

著　者　タカハシユキ
発行者　小川雄一
発行所　株式会社誠文堂新光社
〒113-0033　東京都文京区本郷3-3-11
電話　編集 03-5800-5753
販売 03-5800-5780
http://www.seibundo-shinkosha.net/
印刷・製本　図書印刷株式会社

©2012　TAKAHASHI Yuki & WMF Japan Consumer Goods Co., Ltd.
Printed in Japan　検印省略

万一、落丁・乱丁本の場合はお取り替えいたします。
本書のコピー、スキャン、デジタル化などの無断複製は著作権法上での例外を除き禁じられています。本書を代行業者などの第三者に依頼してスキャンやデジタル化することは、たとえ個人や家庭内での利用であっても著作権法上認められません。

R〈日本複製権センター委託出版物〉
本書を無断で複写複製（コピー）することは、著作権法上での例外を除き、禁じられています。本書をコピーされる場合は、事前に日本複製権センター（JRRC）の許諾を受けてください。
JRRC http://www.jrrc.or.jp　e-mail jrrc_info@jrrc.or.jp　電話 03-3401-2382

ISBN978-4-416-81298-3

監修
ヴェーエムエフ ジャパン コンシューマーグッズ株式会社
高橋克典　多田浩司　亀山貴志　比嘉ナナ子
鈴木克彦

料理アシスタント
佐竹寛　木部真希

スタイリング
久保田朋子

編集
中森裕美

撮影
香出剛志　福島伸好（スタジオジャバラ）

デザイン
村上祥子　市尾なぎさ（環境デザイン研究所）

制作
渡辺真人（株式会社誠文堂新光社）